Paleo to go

Johanna Amicella

Inhalt

Was Bedeutet Paleo To Go? 1
Die Grundidee Hinter Der Paleo-Ernährung 1
Warum Unterwegs Essen Nicht Gleich Ungesund Sein Muss 3
Die Rückkehr Zum Ursprünglichen – Modern Interpretiert 5

Paleo In Der Modernen Welt 7
Wie Paleo Mit Einem Hektischen Alltag Vereinbar Ist 7
Die Häufigsten Fehler Bei Paleo Unterwegs 9
Paleo Für Büro, Uni Und Reisen 12
Meal Prep Mit Paleo – Klug Planen, Stressfrei Genießen 15
Paleo Unterwegs Mit Familie Und Kindern 17

Zutaten, Tools Und Vorbereitung 20
Grundzutaten Der Paleo-Küche Für Unterwegs 20
Die Besten Transportgefäße, Helfer Und Utensilien 23
So Gelingt Der Einkauf – Clever, Saisonal, Regional 26
Zeitmanagement Und Vorbereitung – Der Schlüssel Zur Konstanz 29
Haltbarkeit, Lagerung Und Lebensmittelsicherheit 31

Rezepte 34
1. Gegrillte Hähnchen-Gemüse-Spieße 35
2. Avocado-Ei-Salat 36
3. Gebratene Garnelen Mit Knoblauch Und Zitrone 37

4. Zucchini-Nudeln Mit Pesto Und Kirschtomaten 38
5. Gebackene Süßkartoffel-Pommes 39
6. Rindfleisch-Gemüse-Pfanne 40
7. Lachs Mit Zitronen-Kräuter-Kruste 41
8. Blumenkohlreis Mit Gemüse Und Ei 42
9. Hähnchensalat Mit Avocado Und Limette 43
10. Gebackene Eier Im Avocado-Boot 44
11. Süßkartoffel-Frühstückspfanne 45
12. Hackfleisch-Muffins Mit Gemüse 46
13. Kokos-Hähnchensticks 47
14. Gemüsige Röstbällchen Aus Brokkoli Und Möhren 48
15. Gebratene Leber Mit Apfel Und Zwiebeln 49
16. Zucchini-Frittata Aus Der Pfanne 50
17. Mini-Gemüseauflauf In Muffinform 51
18. Thunfisch-Salat Mit Gurke Und Avocado 52
19. Ofen-Bananenchips 53
20. Paprika-Schiffchen Mit Guacamole 54
21. Hähnchen-Wraps In Salatblättern 55
22. Möhren-Apfel-Salat Mit Walnüssen 56
23. Mini-Kokos-Pfannkuchen 57
24. Eiersalat Mit Speck Und Gurke 58
25. Mandel-Zimt-Energiekugeln 59
26. Gebratene Champignons Mit Knoblauch Und Kräutern 60
27. Kalte Gemüsesuppe Aus Avocado Und Gurke 61
28. Hackfleisch-Gemüse-Röllchen Im Weißkohlblatt 62

29. Gebratener Blumenkohl Mit Kurkuma Und Zwiebel 63
30. Süßkartoffel-Avocado-Stapel 64
31. Lachs-Spinat-Muffins 65
32. Gurkenröllchen Mit Hähnchen Und Avocado 66
33. Rührei-Muffins Mit Bacon 67
34. Paprika-Gemüse-Sticks Mit Mandel-Dip 68
35. Gebratene Süßkartoffel Mit Ei 69
30. Süßkartoffel-Avocado-Stapel 70
31. Lachs-Spinat-Muffins 71
32. Gurkenröllchen Mit Hähnchen Und Avocado 72
33. Rührei-Muffins Mit Bacon 73
34. Paprika-Gemüse-Sticks Mit Mandel-Dip 74
35. Gebratene Süßkartoffel Mit Ei 75
36. Gebackene Zucchini-Sticks Mit Mandelpanade 76
37. Paleo-Frikadellen Mit Kürbis 77
38. Brokkoli-Salat Mit Speck Und Ei 78
39. Omelett-Rollen Mit Gemüsefüllung 79
40. Gefüllte Eier Mit Avocado-Creme 80
41. Gebratene Garnelen Mit Zucchinigemüse 81
42. Mini-Eierkuchen Mit Blaubeeren 82
43. Gefüllte Champignons Mit Hackfleisch 83
44. Süßkartoffel-Curry Mit Kokosmilch 84
45. Karotten-Apfel-Bällchen 85
46. Gemüsechips Aus Pastinake, Rote Bete Und Süßkartoffel 86
47. Hähnchen-Curry-Salat Mit Trauben 87
48. Spinatpfanne Mit Ei Und Knoblauch 88

49. Zucchini-Röllchen Mit Tomate Und Mandelmus 89
50. Kokos-Mandel-Riegel 90

Bonuskapitel 1: Profi-Tipps Für Besseres Kochen 91
1. Die Grundlagen Des Guten Kochens – Warum Technik Wichtiger Ist Als Rezepte 92
2. Die Kunst Der Richtigen Würzung – So Erschaffst Du Harmonische Aromen 103
3. Perfekte Garzeiten – Wie Du Fleisch, Fisch Und Gemüse Punktgenau Zubereitest 112
4. Effizienz In Der Küche – So Kochen Profis Stressfrei Und Organisiert 124
5. Kreativität & Improvisation – Wie Du Lernst, Ohne Rezept Zu Kochen 135

Bonuskapitel 2: Us Maße Beim Backen 144
Wie Viel Gramm Sind In Einer Tasse? 144
Häufige Verwechslung Von Tassen 144
Wie Man Tassen In Gramm Umrechnet 147
Wie Viel Ist 1 Tasse Zucker In Gramm? 149
Wie Viel Ist 1 Tasse Butter In Gramm? 150
Wie Viel Ist 1 Tasse Mehl In Gramm? 151
Andere Backzutaten 154

Haftungsausschluss 155

Was bedeutet Paleo to go?

Die Grundidee hinter der Paleo-Ernährung

Die Paleo-Ernährung basiert auf einem ebenso einfachen wie kraftvollen Prinzip: Zurück zu den Ursprüngen. Sie orientiert sich an der natürlichen Lebensweise unserer Vorfahren aus der Altsteinzeit, lange bevor industrielle Verarbeitung, Zuckerzusätze und hochverarbeitete Lebensmittel Einzug in unseren Alltag hielten. Damals war Nahrung nicht nur Energiequelle, sondern eng verbunden mit Natur, Bewegung und einem intuitiven Verständnis für das, was dem Körper guttut. Fleisch, Fisch, Gemüse, Obst, Nüsse und gesunde Fette standen im Mittelpunkt – reine, unverfälschte Lebensmittel, die dem Körper all das geben, was er wirklich braucht.

Im Herzen der Paleo-Philosophie steckt der Gedanke, dass unsere genetische Ausstattung über Jahrtausende hinweg von einer sehr natürlichen Ernährung geprägt wurde. Die moderne Ernährungsweise hingegen hat sich in nur wenigen Generationen dramatisch verändert – mit spürbaren Folgen für Gesundheit, Wohlbefinden und Leistungsfähigkeit. Die Paleo-Ernährung möchte hier nicht mit dogmatischem Verzicht überzeugen, sondern mit Klarheit, Bewusstsein und echtem Geschmack. Es geht darum, dem Körper wieder genau das zu geben, wofür er gemacht ist – natürliche Energiequellen, hochwertige Proteine, gesunde Fette und eine Vielzahl von Vitalstoffen, ohne künstliche Zusätze, ohne überflüssige Füllstoffe, ohne Kompromisse.

Was Paleo jedoch nicht ist: ein Rückschritt. Ganz im Gegenteil. Es ist ein Weg nach vorn, der moderne wissenschaftliche Erkenntnisse mit den besten Erfahrungen unserer evolutionären Geschichte verbindet. Dabei steht Genuss genauso im Vordergrund wie Nachhaltigkeit, Achtsamkeit und das Bewusstsein für Qualität. Wer sich nach dem Paleo-Prinzip ernährt, spürt oft schon nach kurzer Zeit, wie Energie, Konzentration und Vitalität zurückkehren – nicht als kurzfristiger Effekt, sondern als tiefgreifende Veränderung im Alltag.

In einer Welt voller Trends und Diäten ist Paleo keine Modeerscheinung, sondern eine Einladung, wieder auf den eigenen Körper zu hören. Eine Ernährung, die nicht einschränkt, sondern befreit. Die nicht stresst, sondern stärkt. Und die besonders dann ihren wahren Wert zeigt, wenn wir unterwegs sind – weil sie Klarheit gibt in einer Zeit voller Überfluss. Paleo ist kein Dogma, sondern ein Lebensstil, der mit jeder Mahlzeit ein Stück mehr zu sich selbst führt.

Warum unterwegs essen nicht gleich ungesund sein muss

In einer Welt, in der To-go-Kultur, schnelle Snacks und Mahlzeiten im Vorbeigehen längst zur Norm geworden sind, hat sich ein hartnäckiger Mythos etabliert: Wer unterwegs isst, kann sich nicht gesund ernähren. Doch genau das Gegenteil ist der Fall – wenn man bewusst wählt, vorbereitet ist und versteht, worauf es wirklich ankommt. „Unterwegs essen" muss nicht bedeuten, beim Bäcker ein belegtes Brötchen zu kaufen, am Bahnhof einen Schokoriegel zu greifen oder im Büroautomaten zur Notlösung zu greifen. Es kann auch bedeuten, nährstoffreiche, sättigende und leckere Mahlzeiten griffbereit zu haben, die Körper und Geist stärken – statt sie zu belasten.

Die Herausforderung liegt weniger in der Situation des Unterwegsseins als in der Verfügbarkeit geeigneter Optionen. Die Paleo-Ernährung bietet hier einen unschätzbaren Vorteil: Sie basiert auf simplen, natürlichen Lebensmitteln, die sich hervorragend vorbereiten, transportieren und auch ohne Mikrowelle oder Kühlschrank genießen lassen. Wer sich am Morgen wenige Minuten Zeit nimmt, um eine nährstoffreiche Mahlzeit vorzubereiten, profitiert den ganzen Tag über von stabiler Energie, klarem Kopf und einem ruhigen Blutzuckerspiegel

– ganz ohne den Einbruch am Nachmittag, der so viele Menschen regelmäßig müde und antriebslos werden lässt.

Gesundes Essen für unterwegs erfordert keinen Mehraufwand, sondern ein Umdenken. Es bedeutet, Verantwortung für sich selbst zu übernehmen und den eigenen Körper nicht mit dem abzuspeisen, was gerade verfügbar ist, sondern mit dem, was ihm wirklich guttut. Mit einer kleinen Portion Planung und dem Wissen, welche Zutaten sich besonders gut eignen, wird jede Mittagspause, jede Autofahrt, jeder Arbeitstag oder Wochenendtrip zu einer Gelegenheit, seinem Körper etwas Gutes zu tun – ganz ohne Kompromisse.

Paleo to go ist mehr als eine pragmatische Lösung. Es ist ein Statement gegen die Gewohnheit, sich mit Mittelmaß zufriedenzugeben, nur weil es schnell gehen muss. Es ist der Beweis, dass bewusste Ernährung auch im Alltag funktioniert – leicht, lecker und voller Lebenskraft. Wer unterwegs klug isst, isst nicht nur gesund, sondern gewinnt auch ein Stück Freiheit zurück. Die Freiheit, sich jederzeit gut zu fühlen – unabhängig von Ort und Zeit.

Die Rückkehr zum Ursprünglichen – modern interpretiert

In einer Welt voller künstlicher Aromen, Zusatzstoffe, Diättrends und Convenience-Produkten sehnen sich viele Menschen nach etwas Echtem – nach Klarheit, Einfachheit und einer Verbindung zu dem, was wirklich nährt. Die Paleo-Ernährung verkörpert genau dieses Bedürfnis: eine Rückkehr zum Ursprünglichen, zur natürlichen Nahrung, wie sie die Menschheit über Jahrtausende hinweg genossen hat. Doch diese Rückkehr bedeutet keineswegs einen nostalgischen Blick zurück oder eine romantisierte Vorstellung vom Leben in Höhlen. Sie ist vielmehr eine bewusste, moderne Interpretation von etwas Zeitlosem.

Denn wir leben heute in einer völlig anderen Realität als unsere Vorfahren. Wir arbeiten in Büros statt auf Jagd zu gehen, sind mit Smartphones verbunden statt mit dem Rhythmus der Natur, und haben Supermärkte statt wilder Wälder vor der Tür. Eine rein steinzeitliche Lebensweise wäre weder praktikabel noch wünschenswert. Aber die Grundprinzipien – natürliche, unverarbeitete Lebensmittel, ausgewogene Bewegung, ausreichend Schlaf und ein Leben mit Bewusstsein – sind aktueller denn je. Die moderne Paleo-Ernährung nimmt das Beste aus der Vergangenheit und kombiniert es mit dem Wissen und den Möglichkeiten der Gegenwart.

Diese moderne Interpretation zeigt sich nicht nur im Inhalt, sondern auch in der Form: In Rezepten, die sich schnell zubereiten lassen, in Lebensmitteln, die auf Reisen nicht verderben, in cleveren Tools, die das Leben einfacher machen, und in der Erkenntnis, dass Gesundheit nicht das Ergebnis von Perfektion, sondern von Beständigkeit ist. Es geht nicht darum, wie unsere Vorfahren zu essen – es geht darum, wie wir heute besser leben können, indem wir aus der Vergangenheit lernen.

Paleo to go ist Ausdruck dieser neuen, bewussten Haltung. Es steht für Natürlichkeit ohne Verzicht, für Genuss ohne Reue und für eine Ernährungsweise, die sich mühelos in den modernen Alltag integrieren lässt. Es verbindet das Ursprüngliche mit dem Praktischen, das Natürliche mit dem Mobilen – und macht genau daraus eine echte Stärke. Die Rückkehr zum Ursprünglichen ist kein Rückschritt. Sie ist ein Fortschritt in die richtige Richtung: zu mehr Vitalität, Klarheit und echter Lebensqualität – Tag für Tag, unterwegs und zu Hause.

Paleo in der modernen Welt

Wie Paleo mit einem hektischen Alltag vereinbar ist

Der moderne Alltag ist geprägt von Tempo, Terminen und einem ständigen Gefühl von Zeitmangel. Zwischen Meetings, Familienorganisation, Fitnessstudio, Pendelstrecken und Alltagsverpflichtungen scheint gesunde Ernährung oft wie ein zusätzlicher Stressfaktor – etwas, das man „auch noch" unterbringen muss. Genau hier liegt die Stärke von Paleo: Es ist kein kompliziertes Diätkonzept mit Kalorienzählerei oder starren Regeln, sondern ein flexibler, natürlicher Weg, dem Körper das zu geben, was er braucht – auch dann, wenn kaum Zeit bleibt.

Paleo passt sich dem Leben an, nicht umgekehrt. Denn wer einmal verstanden hat, welche Lebensmittel in den Paleo-Kosmos gehören und wie man sie klug kombiniert, wird feststellen, dass sich viele Gerichte in wenigen Minuten zubereiten lassen. Ein gekochtes Ei, etwas saisonales Gemüse, eine Handvoll Nüsse, ein Stück gebratenes Hähnchen oder ein frischer Salat mit Avocado und Olivenöl – mehr braucht es oft nicht, um eine vollwertige, sättigende Mahlzeit zu schaffen. Diese Gerichte lassen sich hervorragend vorbereiten, transportieren und sogar kalt genießen – ideal für den hektischen Alltag, in dem oft keine Zeit zum Kochen bleibt.

Der Schlüssel liegt nicht in aufwendigen Rezepten, sondern in Gewohnheiten. Wer sich einmal daran gewöhnt hat, sonntags vorzukochen, Reste klug zu verwerten oder bestimmte Basics stets im Haus zu haben, wird spüren, wie einfach und entlastend Paleo im Alltag sein kann. Es entsteht eine neue Routine – eine, die Energie spendet statt raubt. Gerade Menschen mit anspruchsvollem Lebensstil profitieren von der stabilen, nährstoffreichen Ernährung, weil sie den Körper konstant versorgt und keine Heißhungerattacken provoziert.

Zudem entfällt bei Paleo das Grübeln über Inhaltsstoffe, die Suche nach „Light-Produkten" oder das schlechte Gewissen nach einem Snack. Stattdessen entsteht ein tiefes Vertrauen in die eigene Ernährung – in ihre Qualität, in ihre Wirkung, in ihren Sinn. Dieses Vertrauen ist wie ein innerer Kompass, der Orientierung gibt, wenn es im Außen turbulent wird.

Paleo im hektischen Alltag ist keine Herausforderung, sondern eine Lösung. Es ist ein Weg, sich selbst auch dann treu zu bleiben, wenn alles andere schnelllebig ist. Denn wer sich gut nährt, bleibt leistungsfähig, klar im Kopf und im Gleichgewicht – selbst an den vollsten Tagen. Und genau das ist echte Lebensqualität.

Die häufigsten Fehler bei Paleo unterwegs

Wer sich für die Paleo-Ernährung entscheidet, tut das meist mit einem klaren Ziel: mehr Energie, bessere Gesundheit und eine bewusste Verbindung zur eigenen Ernährung. Doch gerade unterwegs – wenn der Alltag schneller wird, Routinen ins Wanken geraten oder der Hunger plötzlich zuschlägt – schleichen sich leicht Fehler ein, die das Wohlbefinden beeinträchtigen oder die Fortschritte ins Stocken bringen. Diese Fehler entstehen oft nicht aus Unwissen, sondern aus Bequemlichkeit, Zeitdruck oder dem Gefühl, improvisieren zu müssen. Doch mit einem klaren Blick auf die Stolpersteine lassen sie sich vermeiden – und das mit erstaunlich wenig Aufwand.

Einer der häufigsten Fehler ist es, sich unterwegs auf „vermeintlich gesunde" Fertigprodukte zu verlassen. Ein Müsliriegel mit „natürlichen Zutaten", ein Smoothie aus dem Supermarkt oder der Salat aus der Tankstelle mögen auf den ersten Blick Paleo-kompatibel erscheinen, sind es aber selten. Versteckter Zucker, minderwertige Öle, Konservierungsstoffe und Bindemittel schleichen sich in vielen Produkten ein, selbst wenn die Verpackung Natürlichkeit suggeriert. Wer hier nicht genau hinsieht, entfernt sich schnell von den Grundprinzipien der Paleo-Ernährung – oft unbemerkt.

Ein weiterer klassischer Fehler liegt in der mangelnden Vorbereitung. Wer ohne Plan aus dem Haus geht, ist auf das angewiesen, was unterwegs angeboten wird – und das ist selten Paleo-tauglich. Die Folge: man isst gar nichts, greift zur Notlösung oder isst Dinge, die zwar sättigen, aber keine echte Energie liefern. Das führt zu Leistungstiefs, schlechter Laune und einem unzufriedenen Gefühl. Dabei lässt sich mit wenigen Handgriffen – etwa einem vorbereiteten Snack, einer Box mit Gemüse, einem hartgekochten Ei oder einem Stück gebratenem Fleisch – genau das verhindern.

Auch die falsche Gewichtung von Nährstoffen ist ein häufiger Fehler. Viele setzen unterwegs zu stark auf Obst, Nüsse oder Trockenfrüchte, weil sie praktisch sind und dem Paleo-Konzept entsprechen. Doch zu viel Fruchtzucker oder Fett ohne ausreichende Proteinzufuhr kann auf Dauer zu Ungleichgewichten führen, die sich in Energielosigkeit oder Heißhunger äußern. Die Balance ist entscheidend – auch unterwegs.

Und nicht zuletzt darf man den mentalen Aspekt nicht unterschätzen. Viele neigen dazu, unterwegs nachlässiger zu werden, nach dem Motto: „Heute geht's halt nicht anders." Diese Haltung untergräbt langfristig die eigene Motivation. Wer hingegen bewusst entscheidet, wie er auch auf Reisen, im Büro oder zwischen Terminen essen möchte, bleibt nicht nur konsequenter – er erlebt auch die tiefe Zufriedenheit, sich selbst treu geblieben zu sein.

Paleo unterwegs funktioniert – aber nur, wenn man sich selbst nicht austrickst. Wer typische Fehler kennt, kann ihnen gezielt begegnen. Nicht mit Perfektion, sondern mit Bewusstsein. Nicht mit Verzicht, sondern mit kluger Vorbereitung. Und genau darin liegt die wahre Stärke dieser Ernährungsform.

Paleo für Büro, Uni und Reisen

Die Anforderungen an unsere Ernährung sind heute so vielseitig wie unser Alltag selbst. Zwischen stundenlangen Vorlesungen, langen Büroarbeitstagen oder dem ständigen Unterwegssein auf Geschäftsreisen stellt sich die Frage: Wie bleibt man dran an einer Ernährung, die ursprünglich, nährstoffreich und natürlich ist? Die Antwort lautet: mit Paleo – angepasst an das echte Leben. Denn was diese Ernährungsform so besonders macht, ist ihre erstaunliche Alltagstauglichkeit. Ob im Großraumbüro, auf dem Campus oder im ICE – wer die Grundprinzipien verinnerlicht hat, kann sich überall bewusst, genussvoll und kraftvoll ernähren.

Im Büro fehlt oft die Zeit für ein vollwertiges Mittagessen. Die Kantine bietet selten Paleo-Optionen, und die Versuchung, schnell ein belegtes Brötchen zu holen, ist groß. Doch genau hier zeigt sich die Stärke eines gut geplanten „Paleo to go"-Konzepts. Wer morgens zehn Minuten investiert und eine Box mit gebratenem Gemüse, Fleisch oder Fisch, dazu ein paar Nüsse oder ein hartgekochtes Ei vorbereitet, hat nicht nur eine gesunde Alternative parat, sondern spart sich auch die Entscheidungsmüdigkeit, die oft zu schlechten Essensentscheidungen führt. Paleo im Büro bedeutet nicht Verzicht – es bedeutet Kontrolle. Kontrolle über Energielevel, über Konzentration und über das gute Gefühl, den Körper mit echtem Essen zu versorgen.

An der Uni sind es andere Herausforderungen: Unregelmäßige Stundenpläne, ständige Ortswechsel, Mensa-Angebote voller Kohlenhydrate und wenig echte Nährstoffe. Gerade hier bietet Paleo einen entscheidenden Vorteil: Die Gerichte sind kompakt, sättigend und oft sogar kalt genießbar. Ein Salat mit Avocado und Hähnchen, ein Mandelmehl-Muffin ohne Zucker, etwas Gemüse mit einem kleinen Dipp – das sind keine Snacks, das sind vollwertige Mahlzeiten, die auch im Hörsaal funktionieren. Wer vorbereitet ist, spart Zeit, Geld und vermeidet die typische Nachmittagsmüdigkeit, die viele durch Zucker und leere Kalorien ausgleichen wollen.

Auf Reisen wird es dann oft noch komplexer. Flughäfen, Bahnhöfe und Hotels sind selten für ihre Paleo-Freundlichkeit bekannt. Aber auch hier gilt: Vorbereitung ist alles. Wer im Vorfeld plant, geeignete Snacks mitnimmt und weiß, worauf er bei Restaurantbesuchen achten muss, kommt mühelos durch. Im Zweifel ist ein gegrilltes Stück Fleisch mit Gemüse immer besser als ein Sandwich auf die Hand. Viele Hotels bieten inzwischen auch Frühstücksoptionen mit Eiern, Obst und Nüssen – oft genügt es, danach zu fragen oder kleine Anpassungen vorzunehmen. Paleo auf Reisen bedeutet Flexibilität mit Haltung: nicht stur, aber konsequent. Nicht dogmatisch, sondern bewusst.

Egal ob Schreibtisch, Seminarraum oder Flugzeug – wer Paleo lebt, trägt sein Fundament in sich. Und dieses

Fundament lässt sich überall nutzen. Nicht mit Aufwand, sondern mit Klarheit. Nicht mit Verzicht, sondern mit Verantwortung. Es geht nicht darum, in jeder Situation die perfekte Lösung zu finden – sondern die bestmögliche Entscheidung für sich selbst zu treffen. Und genau darin liegt die wahre Freiheit von Paleo.

Meal Prep mit Paleo – klug planen, stressfrei genießen

Paleo ist mehr als eine Ernährung – es ist eine Haltung. Und wie jede bewusste Lebensweise gedeiht sie am besten, wenn man ihr Raum gibt. Im hektischen Alltag ist dieser Raum selten spontan verfügbar. Genau deshalb ist Meal Prep ein entscheidender Baustein für alle, die sich auch unterwegs oder im Wochenverlauf konsequent und genussvoll an die Paleo-Prinzipien halten wollen. Wer klug plant, isst nicht nur besser, sondern lebt entspannter. Denn vorbereitet zu sein heißt: weniger Stress, weniger Entscheidungen, weniger Ausreden – und gleichzeitig mehr Energie, mehr Klarheit und mehr Zeit für das, was wirklich zählt.

Der große Vorteil an Paleo ist, dass viele Gerichte auch nach ein, zwei Tagen noch schmecken – oder sogar besser werden. Ein Ofengemüse mit Olivenöl, Kräutern und etwas Fleisch oder Fisch hält sich hervorragend im Kühlschrank. Suppen oder Eintöpfe lassen sich in größeren Mengen kochen und portionsweise einfrieren. Muffins aus Mandelmehl, Eiergerichte, Gemüsepfannen, Nussriegel oder frische Salate in Schraubgläsern – all das lässt sich am Wochenende vorbereiten und im Laufe der Woche flexibel einsetzen. Das macht Meal Prep nicht zur Einschränkung, sondern zur Erleichterung. Zu wissen, dass eine gesunde Mahlzeit schon fertig wartet, verändert nicht nur den Tagesablauf, sondern auch das gesamte Lebensgefühl.

Beim Meal Prepping mit Paleo geht es nicht um Perfektion oder stundenlanges Kochen, sondern um Effizienz. Einmal einkaufen, einmal vorbereiten – und dann tagelang profitieren. Dabei helfen einfache Routinen: feste Einkaufslisten, wiederkehrende Lieblingsgerichte, saisonale Zutaten, die sich vielseitig kombinieren lassen. Wer einmal erlebt hat, wie entspannt es sich anfühlt, morgens nur noch eine Box aus dem Kühlschrank zu nehmen, wird diese Struktur nicht mehr missen wollen. Meal Prep schenkt Freiheit – nicht durch Kontrolle, sondern durch kluge Voraussicht.

Ein weiterer Aspekt: Durch Planung vermeidet man impulsive Entscheidungen. Man greift nicht mehr zur Notlösung an der Tankstelle oder zum schnellen Snack zwischen zwei Terminen. Man isst bewusster, langsamer, wertschätzender. Und genau darin liegt die eigentliche Kraft von Paleo: Es bringt uns zurück zu einem achtsamen Umgang mit dem, was wir essen – und damit mit uns selbst.

Wer Paleo lebt, weiß, dass gute Ernährung nicht kompliziert sein muss. Mit einem durchdachten Meal-Prep-Konzept wird sie zum festen Bestandteil des Alltags – mühelos, zeitsparend und voller Genuss. Es braucht nicht viel, nur ein wenig Planung – und schon wird aus dem täglichen „Was esse ich heute?“ ein beruhigendes „Das habe ich schon für mich getan.“

Paleo unterwegs mit Familie und Kindern

Wenn man alleine unterwegs ist, lässt sich die eigene Ernährung oft noch relativ unkompliziert gestalten. Doch sobald Kinder und Familie mit im Spiel sind, wächst die Herausforderung – nicht nur logistisch, sondern auch emotional. Es geht nicht mehr nur darum, selbst gut versorgt zu sein, sondern auch darum, Verantwortung für andere zu übernehmen. Gerade bei der Ernährung spüren viele Eltern den Druck, es „richtig" machen zu wollen, während unterwegs oft nur wenig Zeit und Auswahl zur Verfügung stehen. Doch auch hier zeigt sich, wie alltagstauglich und flexibel die Paleo-Ernährung ist – wenn man sie mit Liebe, Kreativität und ein bisschen Planung angeht.

Kinder sind neugierig, offen für Neues und oft viel kompromissbereiter, als wir denken. Entscheidend ist, dass das Essen schmeckt, bunt aussieht und leicht zu greifen ist. Paleo bietet dafür eine Vielzahl an Möglichkeiten, die weit über das klassische „Gemüsesticks und Apfelscheiben"-Klischee hinausgehen. Mini-Fleischbällchen, bunte Obstspieße, Muffins auf Basis von Nussmehl, kleine Omelett-Röllchen oder selbstgemachte Riegel – all das lässt sich gut vorbereiten, unterwegs mitnehmen und kommt bei Kindern meist bestens an. Das Wichtigste dabei ist: Es geht nicht um Verzicht, sondern um das bewusste Entdecken neuer Geschmackserlebnisse.

Auch in der Familie gilt: Vorbereitung ist alles. Wer am Abend Reste sinnvoll einplant, am Wochenende vorkocht oder gemeinsam mit den Kindern Snacks vorbereitet, schafft nicht nur Struktur, sondern auch Beteiligung. Kinder, die beim Kochen mithelfen dürfen, entwickeln ein anderes Verhältnis zu Lebensmitteln. Sie begreifen, was sie essen – und warum. Dieses Verständnis ist die Grundlage für ein gesundes Essverhalten, das weit über die Kindheit hinaus wirkt.

Und was ist mit unterwegs, wenn man keinen Einfluss auf die Umgebung hat? Dann hilft es, realistisch zu bleiben. Niemand erwartet Perfektion. Entscheidend ist, die bestmögliche Wahl in der jeweiligen Situation zu treffen. Ein Restaurantbesuch kann mit kleinen Anpassungen Paleo-tauglich gestaltet werden. Ein Picknick lässt sich leicht so planen, dass für alle etwas dabei ist. Und selbst im Familienurlaub ist es möglich, sich an den Grundgedanken von Paleo zu orientieren, ohne dogmatisch zu werden. Kinder lernen nicht durch strikte Regeln, sondern durch das Vorleben. Wenn sie sehen, dass gesunde Ernährung nicht kompliziert ist, sondern Spaß macht, werden sie es als ganz selbstverständlich empfinden.

Paleo mit Familie und Kindern ist nicht nur möglich – es ist eine Chance. Eine Chance, gemeinsam bewusster zu leben, Neues zu entdecken und als Familie eine Esskultur zu schaffen, die auf Freude, Achtsamkeit und Natürlichkeit basiert. Es geht nicht darum, alles perfekt zu machen, sondern darum, im Kleinen konsequent zu sein. Und genau das macht unterwegs den entscheidenden Unterschied.

Zutaten, Tools und Vorbereitung

Grundzutaten der Paleo-Küche für unterwegs

Die Paleo-Küche lebt von Einfachheit und Qualität – zwei Eigenschaften, die sich auch unterwegs perfekt umsetzen lassen, wenn man weiß, worauf es ankommt. Wer viel unterwegs ist, braucht Lebensmittel, die nicht nur nährstoffreich und sättigend sind, sondern auch praktisch: leicht transportierbar, haltbar ohne Kühlung und möglichst ohne großen Aufwand genießbar. Die Grundzutaten der Paleo-Küche bieten genau das – sie sind naturbelassen, vielseitig einsetzbar und liefern genau jene Bausteine, die der Körper braucht, um auch in stressigen Momenten fokussiert und leistungsfähig zu bleiben.

Ganz zentral sind hochwertige Proteine, denn sie sorgen für nachhaltige Sättigung und liefern wichtige Aminosäuren für Muskeln, Stoffwechsel und Gehirn. Gekochte Eier, gebratenes oder gegrilltes Fleisch, Trockenfleisch ohne Zuckerzusätze, geräucherter Fisch oder kleine Frikadellen aus reinem Hackfleisch eignen sich hervorragend zum Mitnehmen. Sie lassen sich gut vorbereiten, portionieren und bleiben – kühl gelagert oder isoliert verpackt – über Stunden frisch.

Gemüse bildet die zweite Säule der mobilen Paleo-Ernährung. Rohes Gemüse wie Karotten, Gurken, Paprika oder Kohlrabi ist nicht nur knackig und bunt, sondern auch ideal für unterwegs, da es keine Vorbereitung vor Ort erfordert. Gekochtes oder gegrilltes Gemüse wie Zucchini, Süßkartoffel, Kürbis oder Brokkoli schmeckt auch kalt wunderbar und bringt Farbe sowie Vitalstoffe in jede Box. Wichtig ist hier die Auswahl von Sorten, die auch nach einigen Stunden in der Tasche noch appetitlich bleiben.

Für die schnelle Energiezufuhr sind gesunde Fette unverzichtbar. Avocados, Nüsse, Samen, Oliven oder selbstgemachte Nussmuse liefern wertvolle Fettsäuren und sorgen dafür, dass die Energie lange anhält. Besonders beliebt für unterwegs sind kleine Portionen von Mandeln, Walnüssen oder Kokoschips – sie lassen sich leicht portionieren, kleckern nicht und liefern konzentrierte Nährstoffe auf kleinem Raum.

Auch Obst hat seinen Platz in der Paleo-to-go-Küche – wenn auch in Maßen. Äpfel, Beeren, Bananen oder getrocknete Früchte wie Datteln und Feigen können unterwegs ein schneller Energieschub sein, sollten aber immer im Kontext des Gesamtbedarfs betrachtet werden, um den Blutzuckerspiegel stabil zu halten.

Nicht zu unterschätzen sind selbstgemachte Snacks: Paleo-Muffins auf Nussbasis, kleine Riegel mit Nüssen und Datteln, Chia-Puddings oder einfache Gemüsewaffeln erweitern das Repertoire um kreative und dennoch vollwertige Optionen, die den Alltag nicht nur erleichtern, sondern auch bereichern.

Wer sich diese Grundzutaten zu eigen macht, hat alles, was es braucht, um auch unterwegs gesund, kraftvoll und genussvoll zu essen. Es geht nicht um Komplexität, sondern um Klarheit. Die Paleo-Küche schenkt genau das – in jeder Lebenslage und an jedem Ort.

Die besten Transportgefäße, Helfer und Utensilien

Gute Vorbereitung ist die halbe Miete – und sie steht und fällt mit der richtigen Ausstattung. Wer sich konsequent nach dem Paleo-Prinzip ernähren und dabei auch unterwegs gut versorgt sein will, kommt an hochwertigen Transportgefäßen und praktischen Küchenhelfern nicht vorbei. Denn selbst die besten Mahlzeiten verlieren an Reiz, wenn sie zerdrückt, ausgelaufen oder unappetitlich verpackt sind. Die Investition in durchdachte Utensilien ist deshalb nicht nur eine Frage des Komforts, sondern der Nachhaltigkeit, Hygiene und des Genusses.

Im Zentrum stehen auslaufsichere Behälter, die robust, leicht und BPA-frei sein sollten. Glasbehälter sind geschmacksneutral, langlebig und sehen hochwertig aus – ideal für Menschen, die im Büro auch Wert auf Stil legen. Für unterwegs oder auf Reisen bieten sich hingegen leichtere Varianten aus Edelstahl oder stabilem Kunststoff an, die das Gewicht in der Tasche reduzieren und dennoch sicher verschließen. Besonders praktisch sind Behälter mit unterteilten Fächern, die es ermöglichen, verschiedene Bestandteile einer Mahlzeit getrennt voneinander aufzubewahren – etwa Gemüse, Fleisch und Dips – ohne dass sich alles vermischt.

Thermobehälter sind ideal für warme Speisen wie Suppen, Eintöpfe oder Gemüsegerichte, die auch nach Stunden noch angenehm temperiert genossen werden sollen. Sie eignen sich hervorragend für den Winter, lange Arbeitstage oder Ausflüge ohne Zugang zu einer Mikrowelle. Ebenso sinnvoll: kleine Schraubgläser für Dressings, Nussmischungen oder Overnight-Chia-Puddings, die nicht nur praktisch, sondern auch optisch ansprechend sind.

Wer viel unterwegs isst, sollte auch an wiederverwendbares Besteck denken. Ein kompaktes Set aus Edelstahl oder Bambus mit Gabel, Löffel, Messer und oft sogar Essstäbchen oder Trinkhalm lässt sich in jeder Tasche verstauen und vermeidet unnötigen Plastikmüll. Dazu gehört auch eine leichte Stoffserviette oder ein feuchtes Tuch – ideal, um unterwegs die Hände zu reinigen oder das Besteck abzuwischen.

Auch für den Transport von Snacks oder kleinen Extras gibt es clevere Helfer: Silikonbeutel, kleine Dosen oder flexible Wachstücher ersetzen Einwegverpackungen und bieten Schutz für Obst, Gemüse, Nüsse oder Muffins. Wiederverwendbare Eisbeutel oder isolierte Lunchbags halten empfindliche Lebensmittel kühl – selbst an heißen Tagen oder bei längeren Fahrten.

Für die Vorbereitung zu Hause lohnt sich ein Blick auf gut durchdachte Küchenhelfer: Ein hochwertiges Schneidebrett, scharfe Messer, ein Spiralschneider für Gemüse, ein Standmixer für Dips oder Energy Balls und ein Backblech mit Dauerbackmatte machen das Vorkochen nicht nur leichter, sondern auch zeitsparender. Wer effizient vorbereitet, muss später weniger improvisieren – und genau das ist der Schlüssel für konstante Ernährungserfolge.

Die richtigen Gefäße und Utensilien sind keine Luxusgüter, sondern Werkzeuge für Selbstfürsorge. Sie machen es leicht, auch unterwegs konsequent, kreativ und mit Freude bei der Paleo-Ernährung zu bleiben. Und sie erinnern jeden Tag daran, dass gute Ernährung nicht kompliziert sein muss – sondern nur gut organisiert.

So gelingt der Einkauf – clever, saisonal, regional

Ein erfolgreicher Paleo-Lebensstil beginnt nicht erst in der Küche, sondern bereits dort, wo die Auswahl getroffen wird: beim Einkauf. Wer bewusst einkauft, entscheidet sich nicht nur für Qualität, sondern auch für Verantwortung – gegenüber dem eigenen Körper, der Umwelt und der Herkunft unserer Lebensmittel. Cleveres Einkaufen bedeutet, mit einem klaren Fokus durch die Regale zu gehen, den Blick zu schärfen für das, was wirklich nährt, und das, was überflüssig ist, konsequent auszublenden. Es ist ein Akt der Selbstbestimmung – und die Grundlage jeder nachhaltigen Ernährung.

Saisonale und regionale Produkte spielen dabei eine Schlüsselrolle. Sie sind nicht nur frischer, nährstoffreicher und geschmacklich oft überlegen, sondern auch ökologisch sinnvoll. Wer zur richtigen Jahreszeit einkauft, erhält Obst und Gemüse, das unter natürlichen Bedingungen gewachsen ist, nicht künstlich gereift oder weit transportiert wurde. Eine Karotte vom regionalen Biohof schmeckt intensiver, enthält mehr Vitamine und hat eine bessere Ökobilanz als ihre hochgezüchtete Variante aus Übersee. Außerdem sorgt der saisonale Einkauf automatisch für Abwechslung – statt immer denselben Salat zu essen, entdeckt man regelmäßig neue Sorten, Farben und Aromen.

Ein cleverer Einkauf beginnt mit Planung. Wer weiß, was er in den nächsten Tagen kochen oder vorbereiten möchte, kauft gezielter ein und vermeidet Spontankäufe, die oft zu Kompromissen führen. Es lohnt sich, regelmäßig einen Wochenplan zu erstellen, in dem nicht nur Mahlzeiten, sondern auch Snack-Optionen berücksichtigt sind. So landet im Einkaufswagen genau das, was gebraucht wird – nicht mehr und nicht weniger.

Auch beim Fleisch- und Fischkauf gilt: Qualität vor Quantität. Weniger, dafür besser. Produkte aus artgerechter Haltung, Wildfang oder vertrauenswürdiger Herkunft liefern mehr Nährstoffe, schmecken intensiver und entsprechen viel eher dem ursprünglichen Gedanken der Paleo-Ernährung. Wer sich beim Metzger beraten lässt oder auf dem Wochenmarkt einkauft, erhält nicht nur bessere Produkte, sondern auch Wissen über Herkunft und Verarbeitung.

Beim Einkauf sollte man sich zudem immer wieder fragen: Ist dieses Produkt wirklich naturbelassen? Hat es eine Zutatenliste, die man versteht – oder überhaupt eine Zutatenliste? Je unverarbeiteter ein Lebensmittel ist, desto eher passt es ins Paleo-Konzept. Frische, ganze Lebensmittel bilden das Fundament. Alles, was in Verpackung steckt und mit Werbeversprechen versehen ist, verdient einen zweiten Blick – und oft ein bewusstes Nein.

Clever, saisonal und regional einkaufen bedeutet also mehr als nur gute Lebensmittel auszuwählen. Es ist eine Haltung: gegen Beliebigkeit, gegen Überfluss, für Klarheit, Natürlichkeit und Achtsamkeit. Wer den Einkauf als Teil des eigenen Gesundheitskonzepts begreift, wird schnell merken, wie viel Freude und Wertschätzung in diesem einfachen, aber wirkungsvollen Schritt liegen. Denn nur wer bewusst auswählt, kann auch bewusst genießen – und genau darum geht es bei Paleo.

Zeitmanagement und Vorbereitung – der Schlüssel zur Konstanz

Konstanz ist kein Zufallsprodukt. Sie entsteht dort, wo Gewohnheit auf Planung trifft und wo Klarheit den Alltag strukturiert. Gerade bei der Paleo-Ernährung ist es nicht der Anfang, der schwerfällt – es ist das Dranbleiben. In einer Welt voller Ablenkungen, ungesunder Versuchungen und Zeitdruck wird deutlich: Wer sich nicht vorbereitet, überlässt seine Entscheidungen dem Zufall. Und dieser Zufall führt nur selten zur besten Wahl. Genau deshalb ist Zeitmanagement das Fundament für eine dauerhaft gesunde, bewusste und kraftvolle Ernährungsweise.

Paleo lässt sich hervorragend in den Alltag integrieren, wenn man beginnt, Ernährung als festen Bestandteil der Wochenstruktur zu betrachten – nicht als spontane Entscheidung von Mahlzeit zu Mahlzeit. Wer sonntags eine Stunde investiert, um Mahlzeiten vorzubereiten, Zutaten vorzukochen, Snacks zu portionieren oder eine Einkaufsliste zu schreiben, wird im Laufe der Woche mit Zeitersparnis, Energie und Zufriedenheit belohnt. Es geht nicht darum, minutiös jede Mahlzeit zu planen, sondern sich einen verlässlichen Rahmen zu schaffen. Ein Rahmen, der den Alltag entlastet und die Ernährung stärkt.

Der Schlüssel liegt in der Vorausschau. Wer weiß, wann die stressigsten Tage bevorstehen, kann gezielt vorbereiten: eine Portion Suppe für den Montagabend, ein Snack für die

Zugfahrt, ein vorbereitetes Frühstück für den frühen Termin. Auch Routinen helfen enorm. Wer einmal verstanden hat, welche Gerichte sich gut vorbereiten lassen, welche Zutaten immer vorrätig sein sollten und welche Tools die Arbeit erleichtern, wird Woche für Woche schneller, effizienter und gelassener.

Wichtig ist dabei, Perfektion hinter sich zu lassen. Vorbereitung bedeutet nicht, jedes Detail zu kontrollieren, sondern kluge Spielräume zu schaffen. Es geht nicht darum, wie aufwendig ein Gericht ist, sondern wie zuverlässig es sich in den Alltag integrieren lässt. Ein einfaches Hähnchen mit Ofengemüse kann eine Mahlzeit sein, ein hartgekochtes Ei mit ein paar Nüssen ein idealer Snack. Je weniger Zeit die Umsetzung erfordert, desto eher wird sie auch unter Stress gelingen – und genau das ist der Maßstab für Alltagstauglichkeit.

Konstanz entsteht nicht durch Motivation, sondern durch Systeme. Und das beste System ist eines, das zur eigenen Lebensrealität passt – individuell, flexibel und klar. Wer sein Zeitmanagement in den Dienst der eigenen Gesundheit stellt, übernimmt Verantwortung auf einer tiefen Ebene. Es ist ein Akt der Fürsorge – für sich selbst, für das Wohlbefinden, für die Zukunft. Mit Planung, Struktur und Vorbereitung wird Paleo nicht zur Aufgabe, sondern zur natürlichen, stabilen Gewohnheit – Tag für Tag, Mahlzeit für Mahlzeit.

Haltbarkeit, Lagerung und Lebensmittelsicherheit

Einer der größten Vorteile der Paleo-Ernährung liegt in ihrer Frische und Natürlichkeit – doch genau daraus ergeben sich auch besondere Anforderungen an Lagerung, Haltbarkeit und Lebensmittelsicherheit, insbesondere wenn man unterwegs ist. Wer sich bewusst und unverarbeitet ernährt, kann sich nicht auf Konservierungsmittel oder lange Mindesthaltbarkeitsdaten verlassen. Umso wichtiger ist es, die Eigenschaften der Lebensmittel zu kennen, sie richtig zu lagern und ein Gefühl dafür zu entwickeln, wie man Qualität und Genuss langfristig sicherstellt – ob im Kühlschrank zu Hause oder in der Lunchbox unterwegs.

Grundsätzlich gilt: Je naturbelassener ein Lebensmittel ist, desto empfindlicher ist es auch. Fleisch, Fisch, Eier oder gegartes Gemüse sollten gut gekühlt transportiert und nicht über viele Stunden ungekühlt aufbewahrt werden. Isolierte Lunchbags, Thermobehälter oder Kühlakkus können hier wahre Wunder wirken – gerade an warmen Tagen oder bei langen Arbeitswegen. Wer keine Möglichkeit zur Kühlung hat, sollte zu Lebensmitteln greifen, die von Natur aus robuster sind: hartgekochte Eier, luftgetrocknetes Fleisch, Nüsse, Samen, getrocknete Früchte oder gebackene Gemüsegerichte, die auch bei Raumtemperatur stabil bleiben.

Die Haltbarkeit hängt dabei nicht nur vom Produkt selbst ab, sondern auch von der Zubereitung. Gut durchgegartes Fleisch hält sich länger als kurz angebratenes, und gegartes Gemüse verliert bei korrekter Lagerung im Kühlschrank oft erst nach zwei bis drei Tagen an Qualität. Wichtig ist, die Speisen nach dem Kochen rasch herunterzukühlen und luftdicht zu verpacken – das verhindert Keimbildung und erhält den Geschmack. Ideal sind Behälter mit fest schließendem Deckel, möglichst aus Glas oder Edelstahl, die nicht nur hygienisch, sondern auch geruchsneutral sind.

Ein besonderes Augenmerk sollte auch auf der Hygiene liegen – vor allem, wenn man unterwegs isst. Sauberkeit beim Vorkochen, gründliches Händewaschen, das Vermeiden von Kreuzkontamination und die richtige Temperaturführung beim Erhitzen und Kühlen sind essenziell, um Lebensmittelvergiftungen zu vermeiden. Auch das regelmäßige Reinigen der Transportbehälter darf nicht unterschätzt werden. Wer hier konsequent ist, schützt sich und seine Familie zuverlässig.

Ein weiterer Aspekt ist die Planung: Es ist sinnvoll, immer einen Überblick über Vorräte und Haltbarkeiten zu behalten. Wer vorbereitet ist, wirft weniger weg, nutzt Reste besser und kauft gezielter ein. So entsteht nicht nur ein nachhaltiger, sondern auch ein effizienter Umgang mit Lebensmitteln – ganz im Sinne der Paleo-Philosophie.

Paleo bedeutet, nah an der Natur zu essen – und das heißt auch, Verantwortung zu übernehmen. Für die Qualität der Zutaten, für deren Umgang und für die eigene Gesundheit. Mit ein wenig Wissen und Aufmerksamkeit wird das zur Selbstverständlichkeit. Und so wird aus jeder vorbereiteten Mahlzeit ein Stück Sicherheit, aus jedem Handgriff ein Akt der Achtsamkeit. Denn wahre Frische beginnt dort, wo Sorgfalt auf Klarheit trifft – und genau das macht Paleo so kraftvoll.

Rezepte

1. Gegrillte Hähnchen-Gemüse-Spieße

Zutaten

2 Hähnchenbrustfilets, in Würfel geschnitten

1 rote Paprika, in Stücke geschnitten

1 gelbe Paprika, in Stücke geschnitten

1 Zucchini, in Scheiben geschnitten

1 rote Zwiebel, in Stücke geschnitten

2 EL Olivenöl

1 TL Paprikapulver

1 TL getrockneter Oregano

Salz und Pfeffer nach Geschmack

Holzspieße, vorher in Wasser eingeweicht

Zubereitung

Olivenöl mit Paprikapulver, Oregano, Salz und Pfeffer in einer Schüssel verrühren. Die Hähnchenstücke hinzufügen und gründlich marinieren. Abwechselnd Hähnchen, Paprika, Zucchini und Zwiebel auf die Holzspieße stecken. Eine Grillpfanne erhitzen und die Spieße von allen Seiten etwa 10 bis 12 Minuten grillen, bis das Hähnchen gar ist. Heiß servieren.

2. Avocado-Ei-Salat

Zutaten

4 hartgekochte Eier, geschält und gehackt

1 reife Avocado, entkernt und zerdrückt

1 EL Zitronensaft

2 EL gehackter Schnittlauch

Salz und Pfeffer nach Geschmack

Blätter von Romanasalat zum Servieren

Zubereitung

Die zerdrückte Avocado mit Zitronensaft in einer Schüssel vermischen. Die gehackten Eier und den Schnittlauch hinzufügen und alles gut verrühren. Mit Salz und Pfeffer abschmecken. Den Salat portionsweise auf Romanasalatblättern anrichten und servieren.

3. Gebratene Garnelen mit Knoblauch und Zitrone

Zutaten

500 g rohe Garnelen, geschält und entdarmt

3 Knoblauchzehen, fein gehackt

Saft einer Zitrone

2 EL Olivenöl

1 TL Paprikapulver

Salz und Pfeffer nach Geschmack

Frische Petersilie zum Garnieren

Zubereitung

Garnelen mit Knoblauch, Zitronensaft, Olivenöl, Paprikapulver, Salz und Pfeffer in einer Schüssel vermengen. Eine große Pfanne erhitzen und die Garnelen darin zwei bis drei Minuten pro Seite braten, bis sie rosa und gar sind. Mit frischer Petersilie bestreuen und heiß servieren.

4. Zucchini-Nudeln mit Pesto und Kirschtomaten

Zutaten

2 große Zucchini, mit einem Spiralschneider in Nudeln geschnitten
200 g Kirschtomaten, halbiert
2 EL Olivenöl
Salz und Pfeffer nach Geschmack
50 g frisches Basilikum
30 g Pinienkerne
1 Knoblauchzehe
50 ml Olivenöl
2 EL Zitronensaft

Zubereitung

Für das Pesto Basilikum, Pinienkerne und Knoblauch in einem Mixer fein zerkleinern. Olivenöl und Zitronensaft zugeben und zu einer cremigen Paste verarbeiten. Mit Salz und Pfeffer abschmecken. In einer Pfanne das Olivenöl erhitzen, die Zucchini-Nudeln darin zwei bis drei Minuten anbraten, dann die Kirschtomaten hinzufügen und kurz mitgaren. Vom Herd nehmen, das Pesto unterheben und sofort servieren.

5. Gebackene Süßkartoffel-Pommes

Zutaten

2 große Süßkartoffeln, in dünne Streifen geschnitten

2 EL Olivenöl

1 TL Paprikapulver

1/2 TL Knoblauchpulver

Salz und Pfeffer nach Geschmack

Zubereitung

Den Backofen auf 220 Grad Celsius vorheizen. Süßkartoffelstreifen in einer Schüssel mit Olivenöl, Paprikapulver, Knoblauchpulver, Salz und Pfeffer gründlich vermischen. Auf ein mit Backpapier belegtes Blech geben und gleichmäßig verteilen. Etwa 20 bis 25 Minuten backen, dabei einmal wenden, bis sie außen knusprig und innen weich sind. Heiß genießen.

6. Rindfleisch-Gemüse-Pfanne

Zutaten

300 g Rindfleisch (z. B. Rumpsteak), in dünne Streifen geschnitten
1 rote Paprika, in Streifen geschnitten
1 gelbe Paprika, in Streifen geschnitten
1 kleine Zucchini, in Scheiben geschnitten
1 Karotte, in dünne Stifte geschnitten
1 kleine rote Zwiebel, in Halbringe geschnitten
2 EL Kokosöl
1 TL geriebener frischer Ingwer
1 Knoblauchzehe, fein gehackt
2 EL Kokosaminos (alternativ: ein Schuss Zitronensaft)
Salz und Pfeffer nach Geschmack

Zubereitung

Das Kokosöl in einer großen Pfanne erhitzen. Zuerst das Rindfleisch scharf anbraten, bis es außen schön gebräunt ist. Aus der Pfanne nehmen und beiseitelegen. Im verbliebenen Fett Zwiebel, Ingwer und Knoblauch anbraten. Das restliche Gemüse hinzufügen und bei mittlerer Hitze unter ständigem Rühren etwa fünf bis sieben Minuten garen, bis es bissfest ist. Das Rindfleisch zurück in die Pfanne geben, alles gut vermengen und mit Kokosaminos, Salz und Pfeffer abschmecken. Heiß servieren.

7. Lachs mit Zitronen-Kräuter-Kruste

Zutaten

2 Lachsfilets ohne Haut

1 EL Olivenöl

1 TL Zitronenschale, fein gerieben

1 EL Zitronensaft

1 EL fein gehackter frischer Dill

1 EL fein gehackte Petersilie

1 TL Dijon-Senf (ohne Zuckerzusatz)

Salz und Pfeffer nach Geschmack

Zubereitung

Den Backofen auf 180 Grad Celsius vorheizen. Die Lachsfilets mit Olivenöl einreiben und in eine ofenfeste Form legen. In einer kleinen Schüssel Zitronenschale, Zitronensaft, Dill, Petersilie, Senf, Salz und Pfeffer zu einer Paste verrühren. Diese auf die Oberseite der Filets streichen. Den Lachs im Ofen etwa 12 bis 15 Minuten garen, bis er zart und saftig ist. Sofort servieren, beispielsweise mit gedünstetem Brokkoli oder grünem Spargel.

8. Blumenkohlreis mit Gemüse und Ei

Zutaten

1 kleiner Blumenkohl, grob zerkleinert

1 Karotte, geraspelt

1 Frühlingszwiebel, in Ringe geschnitten

1 Knoblauchzehe, fein gehackt

2 Eier

2 EL Kokosöl

1 TL Sesamöl (optional)

1 TL geriebener Ingwer

Salz und Pfeffer nach Geschmack

Zubereitung

Den Blumenkohl in der Küchenmaschine oder mit einer Reibe zu einer reisähnlichen Konsistenz zerkleinern. Das Kokosöl in einer großen Pfanne erhitzen. Knoblauch, Ingwer und die Karotte darin anbraten, dann den Blumenkohlreis hinzufügen und alles gut durchrühren. Unter ständigem Rühren etwa fünf Minuten garen. Die Eier direkt in die Pfanne schlagen und unterheben, bis sie stocken. Mit Frühlingszwiebeln, Sesamöl, Salz und Pfeffer abschmecken. Sofort servieren.

9. Hähnchensalat mit Avocado und Limette

Zutaten

200 g gegartes Hähnchenfleisch, klein gezupft

1 Avocado, gewürfelt

1 kleine rote Zwiebel, fein gehackt

1 Paprika, in Würfel geschnitten

Saft einer Limette

1 EL Olivenöl

Frische Korianderblätter nach Geschmack

Salz und Pfeffer nach Geschmack

Zubereitung

Alle Zutaten in einer großen Schüssel vermengen. Mit Limettensaft, Olivenöl, Salz und Pfeffer abschmecken und mit frischem Koriander bestreuen. Der Salat kann direkt verzehrt oder als Füllung für Salat-Wraps verwendet werden. Ideal für unterwegs oder als schnelles Abendessen.

10. Gebackene Eier im Avocado-Boot

Zutaten

2 reife Avocados

4 kleine Eier

1 EL Olivenöl

Paprikapulver nach Geschmack

Salz und Pfeffer nach Geschmack

Frischer Schnittlauch oder Petersilie zum Garnieren

Zubereitung

Den Backofen auf 190 Grad Celsius vorheizen. Die Avocados halbieren und die Kerne entfernen. Falls nötig, etwas Fruchtfleisch auslöffeln, damit die Eier hineinpassen. Jede Hälfte leicht mit Olivenöl einpinseln und auf ein kleines Backblech oder in eine Auflaufform setzen. Jeweils ein Ei vorsichtig in die Mulde geben. Mit Salz, Pfeffer und Paprikapulver würzen. Im Ofen etwa 12 bis 15 Minuten backen, bis das Eiweiß gestockt ist und das Eigelb noch leicht weich. Mit frischen Kräutern garnieren und sofort servieren.

11. Süßkartoffel-Frühstückspfanne

Zutaten

1 große Süßkartoffel, gewürfelt

1 kleine Zucchini, in Scheiben geschnitten

1 kleine rote Paprika, gewürfelt

2 Eier

1 kleine rote Zwiebel, fein gehackt

2 EL Kokosöl

1 TL geräuchertes Paprikapulver

Salz und Pfeffer nach Geschmack

Zubereitung

Das Kokosöl in einer großen Pfanne erhitzen. Die gewürfelte Süßkartoffel darin etwa zehn Minuten bei mittlerer Hitze anbraten, bis sie weich und leicht gebräunt ist. Dann Zwiebel, Paprika und Zucchini hinzufügen und weitere fünf Minuten mitbraten. Die Hitze leicht reduzieren. Die Eier direkt in die Pfanne schlagen und stocken lassen oder vorher in einer kleinen Schüssel verquirlen und unter das Gemüse rühren. Mit Paprikapulver, Salz und Pfeffer abschmecken und sofort servieren.

12. Hackfleisch-Muffins mit Gemüse

Zutaten

400 g Rinderhackfleisch

1 kleine Karotte, geraspelt

1 kleine Zucchini, geraspelt

1 Ei

1 kleine Zwiebel, fein gehackt

1 TL Senf (ohne Zucker)

1 TL getrockneter Thymian

Salz und Pfeffer nach Geschmack

Zubereitung

Den Backofen auf 180 Grad Celsius vorheizen. Alle Zutaten in einer großen Schüssel gründlich vermengen. Eine Muffinform mit etwas Kokosöl einfetten oder Silikonformen verwenden. Die Hackfleischmasse gleichmäßig auf sechs Mulden verteilen und leicht andrücken. Etwa 25 Minuten im Ofen backen, bis die Oberfläche gebräunt und das Fleisch durchgegart ist. Warm oder kalt genießen – ideal zum Mitnehmen.

13. Kokos-Hähnchensticks

Zutaten

2 Hähnchenbrustfilets, in Streifen geschnitten

1 Ei

40 g Kokosmehl

50 g Kokosraspeln

1 TL Paprikapulver

Salz und Pfeffer nach Geschmack

Kokosöl zum Ausbacken

Zubereitung

Das Ei in einer Schüssel verquirlen. In einer zweiten Schüssel Kokosmehl mit Paprikapulver, Salz und Pfeffer mischen. In einer dritten Schüssel die Kokosraspeln bereitstellen. Die Hähnchenstreifen zuerst im Kokosmehl wenden, dann durch das Ei ziehen und zum Schluss in den Kokosraspeln wälzen. Das Kokosöl in einer Pfanne erhitzen und die Hähnchensticks darin bei mittlerer Hitze von allen Seiten goldbraun und knusprig braten. Auf Küchenpapier abtropfen lassen und warm servieren.

14. Gemüsige Röstbällchen aus Brokkoli und Möhren

Zutaten

200 g Brokkoliröschen

1 große Karotte, grob geraspelt

2 Eier

2 EL Mandelmehl

1 Knoblauchzehe, fein gehackt

1 kleine Zwiebel, fein gehackt

Salz und Pfeffer nach Geschmack

Kokosöl zum Braten

Zubereitung

Den Brokkoli in kochendem Wasser zwei Minuten blanchieren, abgießen und gut abtropfen lassen. Anschließend fein hacken oder in der Küchenmaschine zerkleinern. In einer Schüssel Brokkoli, Karottenraspeln, Eier, Mandelmehl, Knoblauch und Zwiebel vermengen. Mit Salz und Pfeffer abschmecken. Aus der Masse kleine Bällchen formen. Etwas Kokosöl in einer Pfanne erhitzen und die Bällchen rundum goldbraun braten. Sie passen hervorragend zu einem frischen Dip oder als Beilage.

15. Gebratene Leber mit Apfel und Zwiebeln

Zutaten

300 g Kalbs- oder Rinderleber, in Streifen geschnitten

1 großer Apfel, in Spalten geschnitten

1 rote Zwiebel, in Ringe geschnitten

2 EL Ghee oder Kokosöl

1 TL frischer Thymian

Salz und Pfeffer nach Geschmack

Zubereitung

Das Ghee in einer Pfanne erhitzen. Zuerst die Apfelspalten und Zwiebelringe darin anbraten, bis sie leicht karamellisiert sind. Dann beiseitestellen. In derselben Pfanne die Leberstreifen bei starker Hitze von beiden Seiten jeweils ein bis zwei Minuten braten – sie sollen außen braun und innen noch zart sein. Die Apfel-Zwiebel-Mischung zurück in die Pfanne geben, Thymian darüberstreuen und alles noch kurz zusammen erwärmen. Mit Salz und Pfeffer abschmecken und sofort servieren.

16. Zucchini-Frittata aus der Pfanne

Zutaten

1 mittelgroße Zucchini, grob geraspelt

4 Eier

1 kleine Zwiebel, fein gehackt

1 Knoblauchzehe, gepresst

1 EL Kokosöl

1 TL getrockneter Oregano

Salz und Pfeffer nach Geschmack

Zubereitung

Die geraspelte Zucchini leicht salzen und fünf Minuten ziehen lassen, anschließend überschüssige Flüssigkeit ausdrücken. Kokosöl in einer beschichteten Pfanne erhitzen, Zwiebel und Knoblauch darin glasig braten. Die Zucchini zugeben und zwei bis drei Minuten mitdünsten. In einer Schüssel die Eier mit Oregano, Salz und Pfeffer verquirlen und über das Gemüse gießen. Die Hitze reduzieren und die Frittata mit Deckel langsam stocken lassen. Nach etwa zehn Minuten sollte sie durchgegart sein. In Stücke schneiden und warm oder kalt servieren – ideal zum Mitnehmen.

17. Mini-Gemüseauflauf in Muffinform

Zutaten

3 Eier

1 kleine Karotte, fein geraspelt

1 Handvoll Spinat, grob gehackt

1 kleine Zwiebel, fein gewürfelt

1 TL Kokosöl

Salz, Pfeffer und Muskat nach Geschmack

Zubereitung

Den Backofen auf 180 Grad Celsius vorheizen. Muffinform einfetten oder Silikonformen verwenden. In einer Schüssel Eier mit Salz, Pfeffer und Muskat verquirlen. Karotte, Spinat und Zwiebel unterheben. Die Mischung gleichmäßig auf die Mulden verteilen. Etwa 20 Minuten backen, bis die Oberfläche goldbraun ist und die Eier gestockt sind. Abkühlen lassen und zum Transport in eine Lunchbox geben.

18. Thunfisch-Salat mit Gurke und Avocado

Zutaten

1 Dose Thunfisch im eigenen Saft, abgetropft

1/2 Salatgurke, gewürfelt

1 Avocado, gewürfelt

1 Frühlingszwiebel, fein gehackt

Saft einer halben Zitrone

1 EL Olivenöl

Salz und Pfeffer nach Geschmack

Zubereitung

Alle Zutaten in eine Schüssel geben und vorsichtig vermengen. Mit Zitronensaft, Olivenöl, Salz und Pfeffer abschmecken. Der Salat ist frisch, leicht und sättigend – perfekt für unterwegs und innerhalb weniger Minuten zubereitet.

19. Ofen-Bananenchips

Zutaten

2 reife, aber feste Bananen

1 EL Zitronensaft

1 TL Zimt

Zubereitung

Den Backofen auf 100 Grad Umluft vorheizen. Die Bananen in sehr dünne Scheiben schneiden und mit Zitronensaft beträufeln. Auf ein mit Backpapier belegtes Blech legen, dabei darauf achten, dass sich die Scheiben nicht überlappen. Mit etwas Zimt bestreuen. Etwa zwei bis drei Stunden im Ofen trocknen, dabei einmal wenden. Die Chips sollten knusprig sein. Nach dem Auskühlen in einer luftdichten Dose aufbewahren – ideal als Snack zum Mitnehmen.

20. Paprika-Schiffchen mit Guacamole

Zutaten

2 rote Spitzpaprika

1 Avocado

1 kleine Tomate, fein gewürfelt

Saft einer halben Limette

1 TL gehackter Koriander oder Petersilie

1 kleine Knoblauchzehe, fein gehackt

Salz und Pfeffer nach Geschmack

Zubereitung

Die Paprika längs halbieren und entkernen. In einer Schüssel die Avocado mit einer Gabel zerdrücken, Tomate, Knoblauch, Limettensaft und Kräuter unterheben. Mit Salz und Pfeffer abschmecken. Die Guacamole in die Paprikahälften füllen. Die Schiffchen lassen sich hervorragend vorbereiten und transportieren – ein frischer, unkomplizierter Snack.

21. Hähnchen-Wraps in Salatblättern

Zutaten

2 Hähnchenbrustfilets, gegart und in Streifen geschnitten

1 reife Avocado, in Scheiben

1 kleine Karotte, in feine Stifte geschnitten

1/2 rote Paprika, in Streifen geschnitten

1 EL Limettensaft

2 EL Kokosjoghurt oder Avocado-Dip

4 große Blätter Romana- oder Eisbergsalat

Salz und Pfeffer nach Geschmack

Zubereitung

Die Salatblätter waschen und trocknen. Das gegarte Hähnchen mit Limettensaft, Salz und Pfeffer würzen. Die vorbereiteten Gemüsestreifen und Avocado auf die Salatblätter legen, mit Hähnchenstreifen und etwas Kokosjoghurt oder Dip toppen. Die Blätter vorsichtig zusammenrollen und als Wrap servieren. Ideal zum Mitnehmen – frisch, leicht und ohne Besteck genießbar.

22. Möhren-Apfel-Salat mit Walnüssen

Zutaten

2 mittelgroße Karotten, geraspelt

1 Apfel, grob geraspelt

1 Handvoll Walnüsse, grob gehackt

Saft einer halben Zitrone

1 TL Honig (optional)

1 EL Olivenöl

Salz und Zimt nach Geschmack

Zubereitung

Karotten und Apfel in einer Schüssel vermengen. Zitronensaft, Honig und Olivenöl zu einem Dressing verrühren und über die Mischung geben. Mit Salz und einer Prise Zimt abschmecken. Die Walnüsse unterheben und gut vermengen. Dieser knackig-frische Salat lässt sich wunderbar in einem Schraubglas mitnehmen und bleibt lange frisch.

23. Mini-Kokos-Pfannkuchen

Zutaten

2 Eier

2 EL Kokosmehl

3 EL Kokosmilch

1/2 TL Backpulver (natürlich, z. B. Weinstein)

1 TL Vanilleextrakt

Kokosöl zum Ausbacken

Zubereitung

Eier, Kokosmilch und Vanilleextrakt verquirlen. Kokosmehl und Backpulver einrühren, bis ein glatter Teig entsteht. Bei Bedarf einen Schuss Wasser hinzufügen, wenn der Teig zu dick ist. In einer Pfanne etwas Kokosöl erhitzen und kleine Pfannkuchen portionsweise ausbacken. Jede Seite etwa zwei bis drei Minuten goldbraun braten. Die Mini-Pancakes lassen sich gut kalt essen und passen perfekt in jede Snackbox.

24. Eiersalat mit Speck und Gurke

Zutaten

4 hartgekochte Eier, grob gehackt

2 Streifen Speck, knusprig gebraten und zerbröselt

1/2 Salatgurke, geschält und gewürfelt

2 EL hausgemachte Mayonnaise auf Paleo-Basis (z. B. mit Olivenöl)

1 TL Senf ohne Zucker

Salz und Pfeffer nach Geschmack

Zubereitung

Die gehackten Eier mit Gurkenwürfeln, Speck, Mayonnaise und Senf in einer Schüssel vermengen. Mit Salz und Pfeffer abschmecken und gut durchrühren. Der Eiersalat lässt sich im Schraubglas oder in einer kleinen Dose einfach transportieren und ist ein sättigender Snack für unterwegs.

25. Mandel-Zimt-Energiekugeln

Zutaten

100 g Mandeln

8 weiche Datteln, entsteint

1 TL Zimt

1 EL Kokosöl

1 EL Mandelmus

1 Prise Salz

Zubereitung

Alle Zutaten in einem Mixer oder Zerkleinerer zu einer feinen, klebrigen Masse verarbeiten. Aus der Masse kleine Kugeln formen und auf Backpapier auslegen. Für etwa eine Stunde in den Kühlschrank stellen, damit sie fester werden. Die Kugeln sind perfekt als süßer Snack ohne Zucker, der Energie liefert und gut in jede Tasche passt.

26. Gebratene Champignons mit Knoblauch und Kräutern

Zutaten

300 g braune Champignons, geviertelt

2 Knoblauchzehen, fein gehackt

1 EL Olivenöl

1 TL frischer Thymian oder Rosmarin, fein gehackt

Salz und Pfeffer nach Geschmack

Zubereitung

Das Olivenöl in einer Pfanne erhitzen. Den Knoblauch darin kurz anrösten, dann die geviertelten Champignons hinzufügen. Bei mittlerer bis starker Hitze rundum anbraten, bis sie goldbraun und leicht knusprig sind. Frische Kräuter einstreuen und mit Salz und Pfeffer abschmecken. Diese herzhafte Pilzpfanne eignet sich hervorragend zum Abfüllen in Glasbehälter und ist auch kalt ein Genuss.

27. Kalte Gemüsesuppe aus Avocado und Gurke

Zutaten

1 reife Avocado

1/2 Salatgurke, geschält und grob gewürfelt

1 Frühlingszwiebel, grob gehackt

Saft einer halben Limette

150 ml Wasser oder Gemüsebrühe (gekühlt)

1 TL Olivenöl

Salz und Pfeffer nach Geschmack

Frische Minze oder Koriander als Topping

Zubereitung

Alle Zutaten in einen Mixer geben und zu einer glatten, cremigen Suppe pürieren. Mit Salz, Pfeffer und Limettensaft abschmecken. Die kalte Suppe in ein Schraubglas oder einen Thermobecher füllen und mit frischen Kräutern toppen. Perfekt für heiße Tage und leicht zu transportieren.

28. Hackfleisch-Gemüse-Röllchen im Weißkohlblatt

Zutaten

4 große Weißkohlblätter

250 g Rinderhackfleisch

1 kleine Zucchini, geraspelt

1 kleine Karotte, geraspelt

1 Ei

1 TL Paprikapulver

Salz und Pfeffer nach Geschmack

Zubereitung

Die Kohlblätter in heißem Wasser zwei bis drei Minuten blanchieren, bis sie biegsam sind. Herausnehmen, abschrecken und trocken tupfen. Das Hackfleisch mit dem Gemüse, Ei, Paprikapulver, Salz und Pfeffer in einer Schüssel vermengen. Jeweils etwas Füllung in ein Kohlblatt geben, einrollen und die Seiten einklappen. In einer Pfanne mit etwas Kokosöl rundherum anbraten, dann bei geringer Hitze mit Deckel etwa zehn Minuten weitergaren. Die Röllchen lassen sich kalt gut transportieren und schmecken auch aufgewärmt hervorragend.

29. Gebratener Blumenkohl mit Kurkuma und Zwiebel

Zutaten

1 kleiner Blumenkohl, in kleine Röschen zerteilt

1 rote Zwiebel, in Streifen geschnitten

1 TL Kurkuma

1 EL Kokosöl

1 TL Kreuzkümmel

Salz und Pfeffer nach Geschmack

Zubereitung

Das Kokosöl in einer großen Pfanne erhitzen. Zwiebeln darin glasig braten, dann die Blumenkohlröschen und die Gewürze hinzufügen. Alles unter Rühren etwa acht bis zehn Minuten braten, bis der Blumenkohl bissfest und aromatisch ist. Heiß oder kalt servierbar – eine sättigende Beilage oder ein leichter Hauptgang für unterwegs.

30. Süßkartoffel-Avocado-Stapel

Zutaten

1 große Süßkartoffel, in Scheiben geschnitten

1 reife Avocado, in Scheiben

Saft einer halben Zitrone

Olivenöl zum Bestreichen

Salz, Pfeffer und Chiliflocken nach Geschmack

Zubereitung

Den Backofen auf 200 Grad Celsius vorheizen. Die Süßkartoffelscheiben mit Olivenöl bepinseln, auf ein Backblech legen und etwa 20 Minuten backen, bis sie weich und leicht geröstet sind. Abkühlen lassen. Die Avocado mit Zitronensaft beträufeln und mit Salz und Pfeffer würzen. Je zwei bis drei Süßkartoffelscheiben mit Avocado belegen und zu kleinen Türmchen stapeln. Mit Chiliflocken bestreuen. Diese Türmchen lassen sich gut vorbereiten und eignen sich ideal als Snack oder Mini-Mahlzeit für unterwegs.

31. Lachs-Spinat-Muffins

Zutaten

3 Eier

100 g gegarter Lachs, zerzupft

1 Handvoll frischer Spinat, grob gehackt

1 kleine Schalotte, fein gehackt

1 EL Kokosmilch

1 TL Zitronensaft

Salz und Pfeffer nach Geschmack

Kokosöl für die Muffinform

Zubereitung

Den Backofen auf 180 Grad Celsius vorheizen. Die Muffinform mit Kokosöl einfetten. Eier in einer Schüssel mit Kokosmilch, Zitronensaft, Salz und Pfeffer verquirlen. Den Spinat, die Schalotte und den zerzupften Lachs unterheben. Die Masse gleichmäßig in die Muffinförmchen füllen und etwa 20 Minuten backen, bis die Oberfläche leicht gebräunt ist. Abkühlen lassen und als proteinreicher Snack oder Frühstück to go genießen.

32. Gurkenröllchen mit Hähnchen und Avocado

Zutaten

1/2 Salatgurke, längs in dünne Scheiben gehobelt

100 g gegartes Hähnchenbrustfilet, fein geschnitten

1/2 Avocado, zerdrückt

1 TL Zitronensaft

1 TL Olivenöl

Salz und Pfeffer nach Geschmack

Frische Kräuter wie Schnittlauch oder Dill

Zubereitung

Die Avocado mit Zitronensaft, Olivenöl, Salz und Pfeffer zu einer cremigen Masse verrühren. Auf jede Gurkenscheibe einen Klecks Avocadocreme geben, etwas Hähnchenfleisch darauflegen und vorsichtig einrollen. Mit einem Zahnstocher fixieren. Mit frischen Kräutern bestreuen. Diese Röllchen sind erfrischend, leicht und ideal für unterwegs oder als gesunder Snack.

33. Rührei-Muffins mit Bacon

Zutaten

4 Eier

2 Scheiben Bacon, angebraten und zerbröselt

1 kleine Tomate, entkernt und gewürfelt

1 Frühlingszwiebel, in Ringe geschnitten

Salz und Pfeffer nach Geschmack

Kokosöl für die Muffinform

Zubereitung

Den Backofen auf 180 Grad Celsius vorheizen. Eine Muffinform einfetten. Die Eier in einer Schüssel mit Salz und Pfeffer verquirlen. Bacon, Tomate und Frühlingszwiebel untermischen. Die Masse in die Förmchen füllen und etwa 20 Minuten backen, bis sie gestockt und leicht goldbraun sind. Warm oder kalt genießbar – perfekt für den Meal Prep.

34. Paprika-Gemüse-Sticks mit Mandel-Dip

Zutaten

1 rote Paprika

1 gelbe Paprika

1/2 Gurke

Für den Dip:

2 EL Mandelmus

1 EL Zitronensaft

1 TL Olivenöl

1 kleine Knoblauchzehe, gepresst

1 Prise Salz und Pfeffer

Zubereitung

Das Gemüse in lange Sticks schneiden. Für den Dip alle Zutaten glatt rühren und bei Bedarf mit etwas Wasser verdünnen. In ein kleines Schraubglas füllen und zusammen mit dem Gemüse als gesunden Snack mitnehmen. Ideal für zwischendurch, besonders bei Hitze oder als Reiseproviant.

35. Gebratene Süßkartoffel mit Ei

Zutaten

1 kleine Süßkartoffel, in dünne Scheiben geschnitten

2 Eier

1 EL Kokosöl

Salz, Pfeffer und Rosmarin nach Geschmack

Zubereitung

Die Süßkartoffelscheiben in einer Pfanne mit Kokosöl bei mittlerer Hitze von beiden Seiten anbraten, bis sie weich und leicht gebräunt sind. Die Eier direkt daneben in die Pfanne schlagen und nach Belieben braten. Mit Salz, Pfeffer und etwas Rosmarin würzen. Das Gericht lässt sich auch als kalt servierbare Frühstücksbox vorbereiten.

30. Süßkartoffel-Avocado-Stapel

Zutaten

1 große Süßkartoffel, in Scheiben geschnitten

1 reife Avocado, in Scheiben

Saft einer halben Zitrone

Olivenöl zum Bestreichen

Salz, Pfeffer und Chiliflocken nach Geschmack

Zubereitung

Den Backofen auf 200 Grad Celsius vorheizen. Die Süßkartoffelscheiben mit Olivenöl bepinseln, auf ein Backblech legen und etwa 20 Minuten backen, bis sie weich und leicht geröstet sind. Abkühlen lassen. Die Avocado mit Zitronensaft beträufeln und mit Salz und Pfeffer würzen. Je zwei bis drei Süßkartoffelscheiben mit Avocado belegen und zu kleinen Türmchen stapeln. Mit Chiliflocken bestreuen. Diese Türmchen lassen sich gut vorbereiten und eignen sich ideal als Snack oder Mini-Mahlzeit für unterwegs.

31. Lachs-Spinat-Muffins

Zutaten

3 Eier

100 g gegarter Lachs, zerzupft

1 Handvoll frischer Spinat, grob gehackt

1 kleine Schalotte, fein gehackt

1 EL Kokosmilch

1 TL Zitronensaft

Salz und Pfeffer nach Geschmack

Kokosöl für die Muffinform

Zubereitung

Den Backofen auf 180 Grad Celsius vorheizen. Die Muffinform mit Kokosöl einfetten. Eier in einer Schüssel mit Kokosmilch, Zitronensaft, Salz und Pfeffer verquirlen. Den Spinat, die Schalotte und den zerzupften Lachs unterheben. Die Masse gleichmäßig in die Muffinförmchen füllen und etwa 20 Minuten backen, bis die Oberfläche leicht gebräunt ist. Abkühlen lassen und als proteinreicher Snack oder Frühstück to go genießen.

32. Gurkenröllchen mit Hähnchen und Avocado

Zutaten

1/2 Salatgurke, längs in dünne Scheiben gehobelt

100 g gegartes Hähnchenbrustfilet, fein geschnitten

1/2 Avocado, zerdrückt

1 TL Zitronensaft

1 TL Olivenöl

Salz und Pfeffer nach Geschmack

Frische Kräuter wie Schnittlauch oder Dill

Zubereitung

Die Avocado mit Zitronensaft, Olivenöl, Salz und Pfeffer zu einer cremigen Masse verrühren. Auf jede Gurkenscheibe einen Klecks Avocadocreme geben, etwas Hähnchenfleisch darauflegen und vorsichtig einrollen. Mit einem Zahnstocher fixieren. Mit frischen Kräutern bestreuen. Diese Röllchen sind erfrischend, leicht und ideal für unterwegs oder als gesunder Snack.

33. Rührei-Muffins mit Bacon

Zutaten

4 Eier

2 Scheiben Bacon, angebraten und zerbröselt

1 kleine Tomate, entkernt und gewürfelt

1 Frühlingszwiebel, in Ringe geschnitten

Salz und Pfeffer nach Geschmack

Kokosöl für die Muffinform

Zubereitung

Den Backofen auf 180 Grad Celsius vorheizen. Eine Muffinform einfetten. Die Eier in einer Schüssel mit Salz und Pfeffer verquirlen. Bacon, Tomate und Frühlingszwiebel untermischen. Die Masse in die Förmchen füllen und etwa 20 Minuten backen, bis sie gestockt und leicht goldbraun sind. Warm oder kalt genießbar – perfekt für den Meal Prep.

34. Paprika-Gemüse-Sticks mit Mandel-Dip

Zutaten

1 rote Paprika

1 gelbe Paprika

1/2 Gurke

Für den Dip:

2 EL Mandelmus

1 EL Zitronensaft

1 TL Olivenöl

1 kleine Knoblauchzehe, gepresst

1 Prise Salz und Pfeffer

Zubereitung

Das Gemüse in lange Sticks schneiden. Für den Dip alle Zutaten glatt rühren und bei Bedarf mit etwas Wasser verdünnen. In ein kleines Schraubglas füllen und zusammen mit dem Gemüse als gesunden Snack mitnehmen. Ideal für zwischendurch, besonders bei Hitze oder als Reiseproviant.

35. Gebratene Süßkartoffel mit Ei

Zutaten

1 kleine Süßkartoffel, in dünne Scheiben geschnitten

2 Eier

1 EL Kokosöl

Salz, Pfeffer und Rosmarin nach Geschmack

Zubereitung

Die Süßkartoffelscheiben in einer Pfanne mit Kokosöl bei mittlerer Hitze von beiden Seiten anbraten, bis sie weich und leicht gebräunt sind. Die Eier direkt daneben in die Pfanne schlagen und nach Belieben braten. Mit Salz, Pfeffer und etwas Rosmarin würzen. Das Gericht lässt sich auch als kalt servierbare Frühstücksbox vorbereiten.

36. Gebackene Zucchini-Sticks mit Mandelpanade

Zutaten

2 mittelgroße Zucchini

1 Ei

60 g Mandelmehl

1 TL Knoblauchpulver

1 TL Paprikapulver

Salz und Pfeffer nach Geschmack

Olivenöl zum Bestreichen

Zubereitung

Den Backofen auf 200 Grad Celsius vorheizen. Die Zucchini in fingerbreite Sticks schneiden. Das Ei in einer Schüssel verquirlen. In einer zweiten Schüssel Mandelmehl mit Knoblauchpulver, Paprikapulver, Salz und Pfeffer vermischen. Die Zucchini-Sticks erst ins Ei tauchen, dann in der Mandelmehlmischung wenden. Auf ein mit Backpapier belegtes Blech legen und leicht mit Olivenöl bepinseln. Etwa 20 bis 25 Minuten backen, bis sie außen goldbraun und knusprig sind. Warm oder kalt als Snack oder Beilage ideal.

37. Paleo-Frikadellen mit Kürbis

Zutaten

300 g Rinderhackfleisch

100 g Hokkaido-Kürbis, fein geraspelt

1 Ei

1 kleine Zwiebel, fein gehackt

1 TL Senf (ohne Zucker)

1 TL Majoran

Salz und Pfeffer nach Geschmack

Kokosöl zum Braten

Zubereitung

Alle Zutaten in einer großen Schüssel gründlich vermengen. Aus der Masse kleine Frikadellen formen. Kokosöl in einer Pfanne erhitzen und die Frikadellen bei mittlerer Hitze von beiden Seiten goldbraun braten. Wer möchte, kann sie anschließend auch im Ofen bei 100 Grad warmhalten. Perfekt zum Vorbereiten und Mitnehmen – kalt ebenfalls sehr lecker.

38. Brokkoli-Salat mit Speck und Ei

Zutaten

200 g Brokkoliröschen, roh oder leicht blanchiert

2 hartgekochte Eier, gehackt

2 Scheiben Speck, knusprig gebraten und zerbröselt

1 EL Zitronensaft

2 EL Olivenöl

Salz und Pfeffer nach Geschmack

Zubereitung

Die Brokkoliröschen in kleine Stücke teilen und in eine Schüssel geben. Zitronensaft, Olivenöl, Salz und Pfeffer verrühren und über den Brokkoli geben. Eier und Speck unterheben. Gut durchziehen lassen und idealerweise gekühlt mitnehmen. Ein frischer, sättigender Salat, der auch unterwegs schmeckt.

39. Omelett-Rollen mit Gemüsefüllung

Zutaten

3 Eier

1 kleine Karotte, geraspelt

1 Handvoll Spinat, grob gehackt

1 kleine Zwiebel, fein gewürfelt

1 EL Kokosmilch

Salz und Pfeffer nach Geschmack

Kokosöl für die Pfanne

Zubereitung

Eier mit Kokosmilch, Salz und Pfeffer verquirlen. In einer beschichteten Pfanne mit etwas Kokosöl bei mittlerer Hitze zu einem dünnen Omelett ausbacken. Währenddessen Gemüse in einer zweiten Pfanne mit etwas Öl kurz anbraten. Das fertige Omelett mit der Gemüsemischung belegen, aufrollen und in Scheiben schneiden oder im Ganzen mitnehmen. Lässt sich gut vorbereiten und schmeckt warm oder kalt.

40. Gefüllte Eier mit Avocado-Creme

Zutaten

4 hartgekochte Eier

1 reife Avocado

1 TL Zitronensaft

1 TL Senf (ohne Zucker)

Salz und Pfeffer nach Geschmack

Chiliflocken oder Paprika zum Garnieren

Zubereitung

Die Eier halbieren und die Eigelbe herauslösen. Diese mit Avocado, Zitronensaft, Senf, Salz und Pfeffer in einer Schüssel zu einer glatten Creme verrühren. Die Creme mit einem Löffel oder Spritzbeutel in die Eiweißhälften füllen. Mit Chiliflocken oder Paprikapulver garnieren. Gut gekühlt ein perfekter Snack für unterwegs, proteinreich und cremig zugleich.

41. Gebratene Garnelen mit Zucchinigemüse

Zutaten

300 g Garnelen, geschält und entdarmt
1 kleine Zucchini, in Halbmonde geschnitten
1 kleine Paprika, in Streifen geschnitten
2 Knoblauchzehen, fein gehackt
1 EL Kokosöl
Saft einer halben Zitrone
Salz, Pfeffer und Chiliflocken nach Geschmack

Zubereitung

Das Kokosöl in einer Pfanne erhitzen. Zuerst den Knoblauch kurz anbraten, dann die Garnelen hinzufügen und bei starker Hitze zwei bis drei Minuten braten, bis sie rosa sind. Die Garnelen aus der Pfanne nehmen und warm halten. Zucchini und Paprika in derselben Pfanne etwa fünf Minuten anbraten, bis sie leicht gebräunt und bissfest sind. Die Garnelen wieder hinzufügen, alles mit Zitronensaft beträufeln und mit Salz, Pfeffer und Chiliflocken würzen. Warm oder kalt servieren, perfekt für unterwegs.

42. Mini-Eierkuchen mit Blaubeeren

Zutaten

2 Eier

2 EL Kokosmehl

3 EL Kokosmilch

1 Handvoll frische Blaubeeren

1/2 TL Vanilleextrakt

Kokosöl zum Braten

Zubereitung

Eier mit Kokosmilch und Vanilleextrakt verquirlen. Kokosmehl einrühren, bis ein glatter Teig entsteht. Bei Bedarf etwas Wasser hinzufügen, wenn der Teig zu dick ist. Blaubeeren unterheben. Eine beschichtete Pfanne mit etwas Kokosöl erhitzen und kleine Küchlein portionsweise ausbacken, jede Seite etwa zwei bis drei Minuten. Die Mini-Küchlein sind ideal zum Mitnehmen und schmecken auch kalt wunderbar.

43. Gefüllte Champignons mit Hackfleisch

Zutaten

6 große Champignons

200 g Rinderhackfleisch

1 kleine Zwiebel, fein gehackt

1 Knoblauchzehe, gepresst

1 TL Paprikapulver

1 TL gehackte Petersilie

Salz und Pfeffer nach Geschmack

Kokosöl zum Braten

Zubereitung

Die Stiele der Champignons entfernen und fein hacken. In einer Pfanne etwas Kokosöl erhitzen, Zwiebel, Knoblauch und gehackte Stiele anbraten, dann das Hackfleisch dazugeben und krümelig braten. Mit Paprika, Salz und Pfeffer würzen und die Petersilie unterheben. Die Pilzhüte mit der Mischung füllen und im vorgeheizten Ofen bei 180 Grad Celsius etwa 20 Minuten backen. Warm oder kalt ein köstlicher Snack.

44. Süßkartoffel-Curry mit Kokosmilch

Zutaten

1 mittelgroße Süßkartoffel, geschält und gewürfelt

1 kleine Zucchini, gewürfelt

1 kleine Zwiebel, gehackt

1 Knoblauchzehe, gehackt

1 TL Currypulver

200 ml Kokosmilch

1 EL Kokosöl

Salz und Pfeffer nach Geschmack

Zubereitung

Das Kokosöl in einem Topf erhitzen. Zwiebel und Knoblauch darin glasig braten, dann Currypulver zugeben und kurz miträsten. Die Süßkartoffel- und Zucchiniwürfel hinzufügen und kurz anbraten. Mit Kokosmilch ablöschen und bei mittlerer Hitze etwa 15 bis 20 Minuten köcheln lassen, bis das Gemüse weich ist. Mit Salz und Pfeffer abschmecken. Das Curry kann heiß oder abgekühlt mitgenommen werden und schmeckt auch am nächsten Tag noch intensiv.

45. Karotten-Apfel-Bällchen

Zutaten

1 große Karotte, fein geraspelt

1 Apfel, fein geraspelt

50 g gemahlene Mandeln

1 EL Kokosraspeln

1 TL Zimt

1 EL Kokosöl

1 TL Honig (optional)

Zubereitung

Karotte und Apfel in einer Schüssel mit Mandeln, Kokosraspeln, Zimt, Kokosöl und Honig vermengen. Die Masse zu kleinen Bällchen formen. Bei Bedarf kurz kalt stellen, damit sie fester werden. Die Bällchen sind fruchtig, sättigend und ideal als süßer Snack für unterwegs.

46. Gemüsechips aus Pastinake, Rote Bete und Süßkartoffel

Zutaten

1 kleine Süßkartoffel

1 Pastinake

1 kleine Rote Bete

1 EL Olivenöl

Salz und Rosmarin nach Geschmack

Zubereitung

Das Gemüse in sehr dünne Scheiben hobeln oder schneiden. In einer Schüssel mit Olivenöl, Salz und etwas fein gehacktem Rosmarin vermengen. Auf einem mit Backpapier belegten Blech ausbreiten, sodass sich die Scheiben nicht überlappen. Im vorgeheizten Backofen bei 160 Grad Umluft etwa 40 bis 50 Minuten backen, dabei regelmäßig kontrollieren und wenden, bis sie knusprig sind. Nach dem Auskühlen in einer Dose aufbewahren – perfekt für unterwegs.

47. Hähnchen-Curry-Salat mit Trauben

Zutaten

200 g gegartes Hähnchenfleisch, klein gezupft

1 Handvoll kernlose Trauben, halbiert

1 Frühlingszwiebel, in Ringe geschnitten

1 EL hausgemachte Mayo auf Paleo-Basis

1 TL Currypulver

1 TL Zitronensaft

Salz und Pfeffer nach Geschmack

Zubereitung

Alle Zutaten in einer Schüssel gut vermengen. Der Currypulver bringt eine milde Würze, die durch die Süße der Trauben perfekt ergänzt wird. Gut vermischt in ein Glas oder eine Frischhaltebox geben. Der Salat hält sich gekühlt problemlos mehrere Stunden und ist eine hervorragende Lunchoption.

48. Spinatpfanne mit Ei und Knoblauch

Zutaten

2 Handvoll frischer Spinat

2 Eier

2 Knoblauchzehen, in feinen Scheiben

1 EL Kokosöl

Salz, Pfeffer und Muskat nach Geschmack

Zubereitung

Das Kokosöl in einer Pfanne erhitzen, den Knoblauch darin goldbraun rösten. Spinat hinzufügen und zusammenfallen lassen. Die Eier direkt in die Pfanne schlagen und stocken lassen oder vorher verquirlen und einrühren. Mit Salz, Pfeffer und einer Prise Muskatnuss abschmecken. Diese herzhafte Pfanne lässt sich einfach vorbereiten und kalt als Proteinsnack mitnehmen.

49. Zucchini-Röllchen mit Tomate und Mandelmus

Zutaten

1 Zucchini

1 Tomate, in kleine Würfel geschnitten

2 TL Mandelmus

1 TL Zitronensaft

Salz und Pfeffer nach Geschmack

Frische Basilikumblätter

Zubereitung

Die Zucchini mit einem Sparschäler längs in dünne Scheiben schneiden. Das Mandelmus mit Zitronensaft, Salz und Pfeffer glatt rühren. Jeweils etwas Mandelcreme auf eine Zucchinischeibe streichen, ein paar Tomatenwürfel und ein Basilikumblatt darauflegen, dann einrollen. Die Röllchen schmecken frisch, leicht und sehen hübsch aus – perfekt als Fingerfood für unterwegs.

50. Kokos-Mandel-Riegel

Zutaten

100 g Mandeln

50 g Kokosraspeln

6 Datteln, entsteint

1 EL Mandelmus

1 EL Kokosöl

1 TL Zimt

Zubereitung

Alle Zutaten in einem Mixer zu einer formbaren Masse verarbeiten. Die Masse auf ein Stück Backpapier geben, flach drücken und zu einem Rechteck formen. Für mindestens eine Stunde in den Kühlschrank stellen. Danach in Riegel schneiden und einzeln verpacken. Diese selbstgemachten Paleo-Riegel liefern schnelle Energie und sind ideal für Ausflüge oder den kleinen Hunger zwischendurch.

Damit hast du jetzt 50 abwechslungsreiche, komplett ausgearbeitete Paleo-Rezepte für dein Buch *Paleo to go*. Wenn du möchtest, helfe ich dir gern beim Einleitungstext oder beim Klappentext für dein Cover. Sag einfach Bescheid.

Bonuskapitel 1

Profi-Tipps für besseres Kochen

1. Die Grundlagen des guten Kochens – Warum Technik wichtiger ist als Rezepte

Wie du mit wenigen Regeln fast jedes Gericht verbessern kannst

Großartiges Kochen ist keine Magie. Es basiert nicht auf geheimen Rezepten oder komplizierten Techniken, sondern auf einfachen, universellen Prinzipien. Wenn du diese Regeln kennst und anwendest, kannst du fast jedes Gericht spürbar verbessern – unabhängig von der Küche, dem Rezept oder den Zutaten. Ein guter Koch versteht nicht nur, *was* er tut, sondern vor allem *warum* er es tut.

1. Geschmacksschichten aufbauen statt einfach nur würzen

Viele Hobbyköche fügen am Ende des Kochens Salz und Pfeffer hinzu und wundern sich, warum ihr Essen flach schmeckt. Profiköche hingegen bauen Geschmack in mehreren Schichten auf. Salz verstärkt Aromen, wenn es frühzeitig hinzugefügt wird, Säure bringt Frische, Süße kann Bitterkeit ausgleichen und Umami verleiht Tiefe.

Statt ein Gericht einfach nur nachzusalzen, solltest du bewusst überlegen, wie du verschiedene Geschmackskomponenten miteinander in Balance bringst. Eine Prise Zucker in einer Tomatensauce kann Säure abrunden, ein Spritzer Zitronensaft kann eine fade Suppe beleben. Das richtige Würzen bedeutet nicht, viele Gewürze zu verwenden, sondern gezielt die Geschmackswahrnehmung zu steuern.

2. Hitze kontrollieren und gezielt einsetzen

Die Temperatur, mit der du kochst, ist entscheidender als die Garzeit. Viele Hobbyköche kochen entweder mit zu hoher Hitze, sodass Zutaten außen verbrennen und innen roh bleiben, oder mit zu niedriger Temperatur, wodurch sie keine Röstaromen entwickeln.

Ein Steak braucht eine heiße Pfanne, damit es eine schöne Kruste bekommt, während Gemüse oft mit mittlerer Hitze besser gart, um nicht matschig zu werden. Beim Braten ist es entscheidend, die Pfanne erst heiß werden zu lassen, bevor du Öl oder Butter hinzugibst. Auch beim Backen spielt Hitze eine große Rolle – ein zu heißer Ofen lässt Brot von außen verbrennen, während es innen noch nicht durch ist.

Wer die Kontrolle über die Temperatur behält, kann die Textur und den Geschmack eines Gerichts maßgeblich beeinflussen.

3. Die richtige Zubereitungsreihenfolge beachten

Timing ist in der Küche alles. Ein häufiges Problem ist, dass Zutaten in der falschen Reihenfolge in die Pfanne oder den Topf kommen. Zwiebeln brauchen zum Beispiel Zeit, um ihr volles Aroma zu entfalten, während Knoblauch schnell verbrennt und dann bitter schmeckt. Deshalb gibt man ihn erst später hinzu.

Auch das Timing von Fleisch ist entscheidend. Wenn du ein Steak brätst und es direkt anschneidest, verliert es seinen Saft. Lässt du es jedoch ein paar Minuten ruhen, bleibt es saftig und geschmackvoll. Gemüse, das knackig bleiben soll, kommt erst am Ende in den Wok, während Karotten oder Kartoffeln mehr Zeit benötigen.

Ein gut geplantes Gericht folgt einer klaren Abfolge von Schritten, in der jede Zutat genau zur richtigen Zeit verarbeitet wird.

4. Aromen durch Säure verstärken

Einer der größten Unterschiede zwischen mittelmäßigem und exzellentem Essen ist der bewusste Einsatz von Säure. Zitronensaft, Essig, Wein oder fermentierte Lebensmittel können einem Gericht eine ganz neue Dimension verleihen.

Säure hebt Aromen hervor und sorgt dafür, dass ein Gericht nicht zu schwer wirkt. Eine cremige Sauce kann durch ein paar Tropfen Zitronensaft frischer schmecken, eine fade Suppe kann mit etwas Essig zum Leben erweckt werden. Auch Tomaten sind eine großartige natürliche Säurequelle, die vielen Gerichten mehr Tiefe verleiht.

Wer mit Säure spielt, kann aus simplen Zutaten erstaunlich viel Geschmack herausholen.

5. Konsistenz und Textur gezielt steuern

Ein gelungenes Gericht ist nicht nur eine Frage des Geschmacks, sondern auch der Textur. Knusprig trifft auf cremig, zart auf bissfest – dieser Kontrast macht Essen spannend.

Stell dir ein perfektes Croissant vor: Außen knusprig, innen luftig und weich. Oder eine gute Pasta, die genau den richtigen Biss hat. Wer die Konsistenz bewusst steuert, bringt ein Gericht auf ein neues Niveau.

Dazu gehört, Gemüse richtig zu blanchieren, damit es knackig bleibt, Fleisch korrekt zu ruhen, damit es saftig ist, oder eine Sauce nicht zu stark zu binden, damit sie noch eine angenehme Fließfähigkeit hat. Auch das Anrichten spielt eine Rolle – knusprige Elemente immer erst am Ende hinzufügen, damit sie nicht aufweichen.

6. Abschmecken wie ein Profi

Gutes Essen entsteht nicht durch exakte Mengenangaben in einem Rezept, sondern durch das Abschmecken während des Kochens. Die besten Köche verlassen sich nicht nur auf Zahlen, sondern probieren ihr Essen ständig und passen die Würzung an.

Dabei kommt es nicht nur auf Salz an. Schmeckt ein Gericht langweilig, kann ein Spritzer Zitronensaft oder eine Prise Zucker helfen. Ist es zu salzig, kann etwas Säure oder eine cremige Komponente das ausgleichen. Wer bewusst abschmeckt, entwickelt mit der Zeit ein besseres Gespür für Aromen und lernt, Gerichte intuitiv zu perfektionieren.

Die häufigsten Fehler in der Küche und wie du sie vermeidest

Gutes Kochen beginnt nicht mit einem perfekten Rezept, sondern mit dem Wissen, welche Fehler es zu vermeiden gilt. Viele Probleme in der Küche entstehen nicht durch mangelnde Fähigkeiten, sondern durch kleine Unachtsamkeiten, die den Geschmack und die Konsistenz eines Gerichts ruinieren. Wer sich dieser Stolperfallen bewusst ist, kann sie umgehen und mit deutlich besseren Ergebnissen kochen.

Einer der häufigsten Fehler ist die falsche Vorbereitung. Viele Hobbyköche fangen an zu kochen, bevor alle Zutaten bereitstehen. Das führt dazu, dass etwas anbrennt, während noch Gemüse geschnitten wird, oder dass eine wichtige Zutat fehlt. Ein Profi stellt sich vor dem Kochen immer alle Zutaten bereit, wiegt ab, schneidet vor und sorgt dafür, dass die Küche organisiert ist. Diese sogenannte *Mise en Place* spart nicht nur Zeit, sondern verhindert auch unnötigen Stress.

Ein weiteres Problem ist der falsche Umgang mit Hitze. Zu hohe Temperaturen lassen Fleisch verbrennen, während es innen noch roh ist, zu niedrige Temperaturen verhindern eine schöne Bräunung. Wer Röstaromen erzeugen will, braucht eine gut vorgeheizte Pfanne. Öl sollte erst hineingegeben werden, wenn die Pfanne heiß ist, damit sich die Oberfläche des Bratguts sofort verschließt. Andererseits gibt es empfindliche Zutaten wie Butter oder Knoblauch, die bei zu hoher Hitze verbrennen und bitter werden. Die richtige Temperaturwahl ist entscheidend, um das gewünschte Ergebnis zu erzielen.

Auch das Überladen der Pfanne ist ein klassischer Fehler. Wer zu viele Zutaten gleichzeitig in eine Pfanne gibt, senkt die Temperatur so stark, dass sich kein Röstaroma bilden kann. Stattdessen tritt Wasser aus, und das Fleisch oder Gemüse wird eher gekocht als gebraten. Besser ist es, in mehreren Durchgängen zu arbeiten oder eine größere Pfanne zu verwenden.

Beim Würzen greifen viele Menschen erst ganz am Ende zum Salzstreuer. Salz braucht jedoch Zeit, um sich mit den Zutaten zu verbinden und Aromen zu verstärken. Fleisch, Gemüse oder Teigwaren profitieren davon, wenn sie bereits frühzeitig gesalzen werden. Gleichzeitig ist es wichtig, nicht nur auf Salz zu setzen. Säure in Form von Zitronensaft oder Essig kann ein Gericht oft mehr abrunden als eine zusätzliche Prise Salz.

Zu langes oder falsches Garen ist ein weiteres Problem. Viele Menschen kochen Nudeln zu weich, braten Fisch zu trocken oder lassen Gemüse verkochen, bis es jeglichen Biss verloren hat. Die besten Ergebnisse erzielt man, wenn man sich an die Faustregel hält, dass die Restwärme immer noch nachgart. Pasta sollte *al dente* sein, Fleisch braucht eine kurze Ruhezeit nach dem Garen, und Gemüse sollte lieber etwas zu bissfest als zu weich sein.

Auch beim Backen gibt es typische Fehler. Viele Menschen öffnen zu früh die Ofentür, wodurch Gebäck in sich zusammenfällt. Andere messen Zutaten nicht genau genug ab, was beim Backen fatale Folgen haben kann. Während man beim Kochen improvisieren kann, erfordert Backen exakte Mengenangaben und ein Verständnis für die chemischen Prozesse, die dahinterstehen.

Schließlich unterschätzen viele die Bedeutung von Abschmecken. Wer sich nur auf Rezeptangaben verlässt, läuft Gefahr, ein langweiliges oder unausgewogenes Gericht zu servieren. Ein guter Koch kostet regelmäßig und passt den Geschmack während des Kochens an. Kleine Korrekturen mit Säure, Süße oder Fett können ein Gericht retten und geschmacklich abrunden.

Viele dieser Fehler lassen sich mit einem besseren Bewusstsein für den Kochprozess vermeiden. Wer sorgfältig vorbereitet, die richtige Temperatur wählt, Würzung und Garzeiten beachtet und konsequent abschmeckt, wird seine Gerichte spürbar verbessern. Kochen ist kein Hexenwerk – es sind oft nur kleine Details, die den Unterschied zwischen Mittelmaß und Perfektion ausmachen.

Warum Geduld und Präzision den größten Unterschied machen

Kochen ist weit mehr als das bloße Zusammenschütten von Zutaten. Es ist eine Kunst, die sowohl Fingerspitzengefühl als auch eine bewusste Herangehensweise erfordert. Die beiden wichtigsten Eigenschaften, die einen guten Koch von einem großartigen Koch unterscheiden, sind Geduld und Präzision. Wer beides beherrscht, kann selbst mit den einfachsten Zutaten herausragende Gerichte zaubern.

Viele Fehler in der Küche entstehen durch Ungeduld. Der Drang, alles möglichst schnell fertig zu bekommen, führt oft dazu, dass Zutaten nicht ihr volles Aroma entfalten können. Ein klassisches Beispiel ist das Anbraten von Fleisch. Wer ein Steak in eine Pfanne legt, die nicht heiß genug ist, wird keine krosse Kruste bekommen. Wer es zu früh wendet, verhindert, dass sich Röstaromen bilden. Die besten Ergebnisse erzielt man, wenn man dem Fleisch die Zeit gibt, in Ruhe Farbe zu entwickeln, anstatt es ständig hin und her zu bewegen.

Auch beim Garen von Gemüse spielt Geduld eine entscheidende Rolle. Viele Hobbyköche erhöhen die Temperatur, um den Prozess zu beschleunigen, und riskieren dabei, dass das Gemüse außen anbrennt, während es innen noch roh ist. Andere wiederum lassen es zu lange in heißem Wasser liegen, wodurch es jeglichen Biss verliert. Der beste Weg ist, sich auf die Textur zu konzentrieren und genau den Moment abzupassen, in dem das Gemüse seinen optimalen Garpunkt erreicht.

Beim Würzen ist Präzision wichtiger als blinde Experimentierfreude. Ein gutes Gericht lebt nicht davon, dass es mit möglichst vielen Gewürzen überladen wird, sondern von einer ausgewogenen Balance der Aromen. Salz sollte nicht wahllos hinzugefügt werden, sondern bewusst eingesetzt werden, um Geschmäcker zu verstärken. Auch der richtige Zeitpunkt spielt eine Rolle – Kräuter entfalten ihr Aroma unterschiedlich, je nachdem, ob sie zu Beginn oder am Ende des Kochprozesses hinzugefügt werden.

Backen ist der beste Beweis dafür, dass Präzision unerlässlich ist. Während man beim Kochen oft improvisieren kann, verzeiht Backen keine Ungenauigkeiten. Wer Mehl, Zucker oder Flüssigkeiten nicht exakt abmisst, riskiert, dass der Teig nicht aufgeht oder die Konsistenz nicht stimmt. Auch hier zeigt sich, dass Geduld belohnt wird – ein Brot braucht Zeit zum Gehen, ein Kuchen sollte nicht zu früh aus dem Ofen genommen werden, und eine frische Torte entfaltet ihren Geschmack oft erst richtig, wenn sie ausreichend gekühlt wurde.

Geduld ist auch beim Abschmecken ein entscheidender Faktor. Viele Menschen salzen ein Gericht zu schnell nach, ohne ihm die Chance zu geben, dass sich die Aromen entwickeln. Suppen und Saucen verändern ihren Geschmack durch das Köcheln, und viele Gewürze entfalten ihr volles Aroma erst nach einigen Minuten. Wer hier zu früh nachwürzt, läuft Gefahr, zu viel Salz oder Säure hinzuzufügen.

Die besten Köche sind nicht unbedingt diejenigen, die am meisten über exotische Zutaten oder ausgefallene Techniken wissen. Es sind diejenigen, die bereit sind, den Dingen die nötige Zeit zu geben und die kleinen Details zu perfektionieren. Geduld und Präzision machen den entscheidenden Unterschied – nicht nur zwischen einem guten und einem großartigen Gericht, sondern auch zwischen Frustration und Freude am Kochen.

2. Die Kunst der richtigen Würzung – So erschaffst du harmonische Aromen

Salz, Säure, Süße und Umami – Die vier Säulen des Geschmacks

Gutes Kochen bedeutet nicht nur, Zutaten richtig zuzubereiten, sondern vor allem, Geschmack gezielt zu steuern. Jedes großartige Gericht basiert auf einem ausgewogenen Zusammenspiel der vier zentralen Geschmackskomponenten: Salz, Säure, Süße und Umami. Wer versteht, wie diese Elemente miteinander harmonieren, kann aus einfachen Zutaten komplexe und perfekt abgestimmte Gerichte kreieren.

Salz ist die Grundlage für intensiven Geschmack. Es verstärkt natürliche Aromen und hebt die Wahrnehmung von Süße und Umami. Wer einmal ungesalzenes Brot oder eine fade Suppe probiert hat, weiß, wie entscheidend Salz für den Geschmack ist. Der größte Fehler vieler Hobbyköche ist es, zu spät oder zu ungleichmäßig zu salzen. Profis würzen schrittweise, damit sich das Salz gleichmäßig auflöst und mit den Zutaten verbindet. Auch der Zeitpunkt spielt eine Rolle: Fleisch sollte rechtzeitig gesalzen werden, damit es das Salz aufnehmen kann, während feines Meersalz oder Fleur de Sel erst am Ende über ein fertiges Gericht gestreut wird, um eine zusätzliche Geschmacksschicht zu erzeugen.

Säure bringt Frische und Balance. Zitronensaft, Essig, Joghurt oder Wein können ein Gericht beleben und oft mehr bewirken als zusätzliches Salz. Eine zu reichhaltige Sauce wird durch ein wenig Säure leichter, eine Suppe, die langweilig schmeckt, kann mit einem Spritzer Essig oder Zitrone plötzlich vielschichtiger wirken. Besonders in Kombination mit Fett sorgt Säure für einen Kontrast, der das Essen aufregender macht. In der asiatischen Küche ist Limettensaft eine essenzielle Zutat, während in der mediterranen Küche Tomaten und Weine für natürliche Säure sorgen.

Süße ist der oft unterschätzte Gegenspieler von Salz und Säure. Sie hilft dabei, Bitterkeit abzumildern und verleiht vielen herzhaften Gerichten Tiefe. Ein wenig Honig in einer Vinaigrette, eine Prise Zucker in einer Tomatensauce oder die natürliche Süße von karamellisierten Zwiebeln können den Geschmack abrunden und ausbalancieren. Besonders in der asiatischen Küche spielt Süße eine zentrale Rolle – etwa in Teriyaki-Saucen oder süß-sauren Gerichten, wo sie die Säure perfekt ergänzt.

Umami ist die geheime Kraft, die ein Gericht besonders herzhaft und intensiv macht. Dieser Geschmack, der oft als „fleischig" oder „wohlschmeckend" beschrieben wird, steckt in vielen Zutaten, die wir unbewusst lieben: gereifter Käse, Pilze, Tomaten, Fischsauce oder fermentierte Lebensmittel wie Sojasauce und Miso. Umami verstärkt andere Geschmacksnoten und gibt einem Gericht Tiefe. Ein Spritzer Sojasauce in einer Suppe, ein wenig Parmesan auf einer Pasta oder gebratene Pilze in einem Gemüsegericht können dafür sorgen, dass das Essen runder und intensiver schmeckt.

Jedes Gericht ist eine Balance dieser vier Elemente. Ein perfektes Geschmackserlebnis entsteht, wenn alle Komponenten gezielt aufeinander abgestimmt sind. Eine gut gewürzte Sauce wird erst richtig spannend, wenn sie mit etwas Säure aufgelockert wird, eine kräftige Brühe profitiert von einem Hauch Süße, und Umami gibt jedem Gericht eine tiefere Geschmacksdimension. Wer diese Grundprinzipien verinnerlicht, kann auch ohne exakte Rezepte kochen und intuitiv abschmecken – und genau das macht den Unterschied zwischen einfachem Essen und großartigem Genuss.

Wann Gewürze hinzugefügt werden sollten, um das Beste aus ihnen herauszuholen

Der richtige Zeitpunkt, um Gewürze hinzuzufügen, entscheidet darüber, ob ein Gericht flach und eindimensional schmeckt oder eine vielschichtige, tiefe Aromenstruktur entwickelt. Viele Hobbyköche würzen willkürlich, ohne sich Gedanken darüber zu machen, wann ein Gewürz seine volle Wirkung entfaltet. Doch genau wie die Temperatur oder die Garzeit hat auch das Timing beim Würzen einen enormen Einfluss auf das Endergebnis.

Trockene Gewürze entfalten ihr volles Aroma durch Hitze.
Getrocknete Gewürze wie Kreuzkümmel, Koriandersamen oder Paprikapulver entwickeln ihre intensiven Noten erst, wenn sie leicht angeröstet werden. In vielen Küchen der Welt, besonders in der indischen und nahöstlichen Küche, ist es üblich, Gewürze kurz in heißem Öl oder Ghee zu rösten, bevor die restlichen Zutaten hinzugefügt werden. Dabei werden ätherische Öle freigesetzt, die das Aroma deutlich verstärken. Wer Currypulver oder Garam Masala direkt in eine Sauce gibt, verschenkt einen Großteil der Aromen, die sich erst durch das Rösten entfalten würden.

Frische Kräuter sollten je nach Sorte früh oder spät hinzugefügt werden.
Nicht alle Kräuter reagieren gleich auf Hitze. Harte, robuste Kräuter wie Rosmarin, Thymian oder Lorbeerblätter

entfalten ihr Aroma am besten, wenn sie früh mitgekocht werden. Sie brauchen Zeit, um ihre ätherischen Öle abzugeben und den Geschmack des Gerichts zu durchdringen. Zarte Kräuter wie Basilikum, Koriander oder Petersilie hingegen verlieren bei zu langer Hitzeeinwirkung ihr Aroma und sollten erst ganz am Ende oder sogar erst beim Servieren über das Gericht gestreut werden.

Salz beeinflusst den gesamten Kochprozess.

Viele Menschen salzen ihr Essen erst am Ende, doch das ist nicht immer die beste Strategie. Salz entzieht Lebensmitteln Wasser und verstärkt ihre natürlichen Aromen. Wer Gemüse oder Fleisch bereits während des Garens leicht salzt, sorgt dafür, dass sich die Geschmacksstoffe besser verbinden. Bei Teigen oder Marinaden ist es besonders wichtig, Salz früh zuzugeben, damit es sich gleichmäßig verteilen kann. Bei manchen Speisen, insbesondere bei Braten oder Schmorgerichten, sollte man zusätzlich am Ende nochmals nachsalzen, um den Geschmack optimal auszubalancieren.

Schärfe entwickelt sich je nach Zeitpunkt unterschiedlich.

Scharfe Zutaten wie Chili, Pfeffer oder Ingwer verändern ihre Intensität je nachdem, wann sie hinzugefügt werden. Chili, der früh in ein Gericht gegeben wird, gibt seine Schärfe gleichmäßig an die gesamte Sauce oder Brühe ab. Wird er erst am Ende hinzugefügt, bleibt die Schärfe direkter und kräftiger. Pfeffer entfaltet sein volles Aroma am besten, wenn er frisch gemahlen und erst kurz vor dem Servieren über das Essen gestreut wird. Wird er zu früh hinzugefügt, verliert er durch die Hitze viel von seiner charakteristischen Würze.

Gewürzmischungen können zu verschiedenen Zeitpunkten eingesetzt werden.
Manche Gewürzmischungen wie Currypulver oder Ras el Hanout enthalten eine Kombination aus Gewürzen, die sowohl Rösten als auch sanftes Köcheln vertragen. Andere Mischungen, insbesondere solche mit hitzeempfindlichen Kräutern oder getrockneten Zitrusnoten, entfalten sich am besten, wenn sie erst gegen Ende des Kochens hinzugefügt werden. Ein typisches Beispiel ist Garam Masala, das in der indischen Küche oft erst kurz vor dem Servieren über ein Gericht gestreut wird, um das volle Aroma zu bewahren.

Der richtige Umgang mit Gewürzen ist eine Kunst für sich. Wer versteht, wann welche Gewürze ihre maximale Wirkung entfalten, kann Geschmack gezielt steuern und Gerichte auf ein völlig neues Niveau heben. Timing ist beim Würzen genauso entscheidend wie die Qualität der Zutaten – und oft sind es genau diese kleinen Details, die aus einem guten Essen ein großartiges machen.

Die unterschätzte Rolle von Kräutern – frisch oder getrocknet?

Kräuter sind eine der einfachsten und effektivsten Möglichkeiten, um einem Gericht Tiefe, Frische und Aroma zu verleihen. Doch oft stellt sich die Frage: Sind frische Kräuter besser als getrocknete? Oder haben getrocknete Kräuter ihre eigene Berechtigung? Die Wahrheit ist, dass beide ihre Vorteile haben – entscheidend ist, wie und wann sie eingesetzt werden.

Frische Kräuter liefern lebendige Aromen und eine intensive Frische. Sie enthalten ätherische Öle, die sich besonders gut entfalten, wenn sie erst am Ende des Kochvorgangs hinzugefügt werden. Basilikum, Petersilie, Koriander oder Dill verlieren bei zu langer Hitzeeinwirkung schnell ihr Aroma und sollten daher erst kurz vor dem Servieren oder sogar erst auf dem Teller verwendet werden. Das gilt besonders für zarte Kräuter mit weichen Blättern, die ihre Frische und Struktur behalten sollen.

Robuste Kräuter wie Rosmarin, Thymian und Lorbeer können hingegen mitgekocht werden. Sie enthalten festere Zellstrukturen, die ihre ätherischen Öle langsamer freisetzen. Deshalb sind sie ideal für Schmorgerichte, Suppen oder Braten, bei denen sie über einen längeren Zeitraum ihr Aroma abgeben. Wer beispielsweise eine Sauce mit frischem Rosmarin oder Thymian verfeinern möchte, kann die Zweige direkt mitgaren und vor dem Servieren wieder entfernen.

Getrocknete Kräuter haben ein konzentrierteres Aroma und sind oft intensiver als frische Kräuter. Durch den Trocknungsprozess verlieren sie zwar Feuchtigkeit, doch ihre ätherischen Öle bleiben erhalten – oft sogar in noch höherer Konzentration als bei frischen Kräutern. Deshalb sollte man getrocknete Kräuter sparsam dosieren, da sie schnell ein Gericht dominieren können. Oregano, Majoran oder Estragon sind klassische Beispiele für Kräuter, die getrocknet oft sogar aromatischer sind als in frischer Form.

Der richtige Zeitpunkt ist entscheidend. Während frische Kräuter am besten am Ende oder als Garnitur eingesetzt werden, brauchen getrocknete Kräuter Zeit, um ihr Aroma zu entfalten. Sie sollten deshalb früh in den Kochprozess integriert werden, damit sie Feuchtigkeit aufnehmen und ihre ätherischen Öle an das Gericht abgeben können. Wer beispielsweise eine Tomatensauce mit getrocknetem Oregano verfeinern möchte, sollte ihn direkt mit den Tomaten einkochen, während frischer Basilikum erst am Ende hinzugefügt wird.

Manche Kräuter funktionieren sowohl frisch als auch getrocknet – mit unterschiedlichem Effekt. Petersilie, Schnittlauch oder Basilikum verlieren durch das Trocknen viel von ihrer Frische und sollten daher bevorzugt frisch verwendet werden. Andere Kräuter wie Oregano, Thymian oder Rosmarin behalten auch getrocknet ihr volles Aroma und können problemlos in beiden Formen eingesetzt werden.

Das Zusammenspiel von frischen und getrockneten Kräutern kann ein Gericht aufwerten. Eine Kombination aus beiden Varianten kann für eine komplexere Aromenschichtung sorgen. Beispielsweise kann eine Suppe mit getrocknetem Thymian während des Kochens gewürzt werden, während frischer Thymian kurz vor dem Servieren für eine zusätzliche Geschmacksebene sorgt.

Letztendlich kommt es darauf an, welches Ergebnis man erzielen möchte. Frische Kräuter bringen Leichtigkeit und Frische, getrocknete Kräuter sorgen für Tiefe und Intensität. Wer beide gezielt einsetzt, kann die Geschmacksdimension eines Gerichts gezielt steuern und das Beste aus jeder Zutat herausholen.

3. Perfekte Garzeiten – Wie du Fleisch, Fisch und Gemüse punktgenau zubereitest

Warum Temperatur wichtiger ist als Zeit

Viele Rezepte geben genaue Garzeiten vor: „15 Minuten köcheln lassen“, „Steak 3 Minuten pro Seite braten“, „30 Minuten bei 180 °C backen“. Doch wer sich allein an diese Angaben hält, wird oft enttäuscht. Der eigentliche Schlüssel zu perfektem Kochen ist nicht die Zeit – es ist die Temperatur.

Die Temperatur entscheidet darüber, ob ein Steak saftig bleibt oder trocken wird, ob Brot eine knusprige Kruste bekommt oder matschig bleibt, und ob Gemüse seine Frische behält oder verkocht. Jedes Lebensmittel hat eine ideale Temperatur, bei der es seine beste Konsistenz und seinen optimalen Geschmack erreicht. Während die Zeit nur eine grobe Orientierung ist, ist die Temperatur der wahre Faktor, der über Erfolg oder Misserfolg entscheidet.

Ein klassisches Beispiel ist Fleisch. Ein Steak, das 3 Minuten pro Seite gebraten wird, kann perfekt medium sein – oder völlig übergart, wenn die Pfanne zu heiß oder zu kalt war. Entscheidend ist nicht, wie lange das Steak in der Pfanne liegt, sondern ob es die richtige Kerntemperatur erreicht. Ein medium-rare Steak sollte im Kern etwa 54–56 °C haben.

Wer sich darauf konzentriert, die richtige Temperatur zu erreichen, statt blind einer Zeitangabe zu folgen, wird jedes Mal das perfekte Ergebnis erzielen.

Auch beim Backen spielt die Temperatur eine größere Rolle als die Zeit. Brot braucht eine hohe Anfangstemperatur, damit sich eine krosse Kruste bildet, während der Kern noch feucht bleibt. Ist die Temperatur zu niedrig, bleibt das Brot blass und zäh, ist sie zu hoch, verbrennt es außen, bevor es innen durch ist. Viele Kuchen profitieren davon, wenn sie mit einer niedrigeren Temperatur langsam gebacken werden, um gleichmäßig aufzugehen, anstatt bei hoher Hitze außen schnell fest zu werden und innen noch roh zu sein.

Beim Kochen von Gemüse kann ein paar Grad Unterschied ebenfalls alles verändern. Wer Brokkoli oder Spargel in kochendem Wasser zu lange gart, bekommt eine weiche, fade Masse. Wird das Gemüse dagegen in leicht gesalzenem Wasser nur knapp unter dem Siedepunkt gegart oder gedämpft, bleibt es knackig und aromatisch. Auch das sogenannte „Schocken" in eiskaltem Wasser nach dem Kochen hilft, die leuchtende Farbe und die perfekte Konsistenz zu bewahren.

Ein weiteres Beispiel ist die Schokoladentemperierung. Wer Schokolade einfach erhitzt, bis sie geschmolzen ist, bekommt oft ein stumpfes, graues Ergebnis. Der Grund: Die Kristallstruktur des Kakaobutters verändert sich. Nur wenn die Schokolade präzise temperiert wird – erst auf 45 °C erwärmen, dann auf etwa 27 °C abkühlen lassen und anschließend wieder auf 31–32 °C erwärmen – bleibt sie glänzend und knackig.

Ein Thermometer ist eines der wertvollsten Werkzeuge in der Küche, weil es mehr Kontrolle über das Endergebnis gibt als jede Zeitangabe. Wer statt einer Stoppuhr lieber mit präziser Temperatur arbeitet, wird jedes Gericht auf ein neues Niveau heben. Denn egal ob beim Braten, Backen oder Kochen – Temperatur ist die wahre Geheimzutat für Perfektion.

Niedrigtemperaturgaren, scharfes Anbraten und Sous-vide – Was funktioniert wann?

Die Wahl der richtigen Garmethode entscheidet darüber, ob ein Gericht zart und saftig wird oder trocken und zäh. Während viele Hobbyköche Lebensmittel einfach „so lange garen, bis sie durch sind“, arbeiten Profis gezielt mit Temperatur und Technik. Drei besonders wirkungsvolle Methoden sind das Niedrigtemperaturgaren, das scharfe Anbraten und das Sous-vide-Garen. Jede dieser Techniken hat ihre eigene Stärke – und wird am besten in der passenden Situation eingesetzt.

Niedrigtemperaturgaren – Perfekte Saftigkeit durch schonendes Garen

Beim Niedrigtemperaturgaren wird Fleisch oder Fisch über einen längeren Zeitraum bei sanfter Hitze gegart, meist zwischen 80 und 120 °C im Ofen. Diese Methode verhindert, dass die äußeren Schichten austrocknen, während das Innere langsam auf die gewünschte Temperatur kommt.

Besonders große Fleischstücke wie Rinderbraten, Schweinefilet oder Lammkeule profitieren davon. Statt die Außenseite durch hohe Hitze schnell zu verschließen, lässt das langsame Garen die Fleischfasern sanft entspannen. Das Ergebnis ist unglaublich saftiges, zartes Fleisch mit gleichmäßiger Garstufe.

Ein weiteres Beispiel ist Fisch. Empfindliche Sorten wie Lachs oder Kabeljau werden bei niedrigen Temperaturen glasig und butterweich, ohne dass sie auseinanderfallen. Anders als bei hoher Hitze bleibt die Struktur erhalten, und der Geschmack kommt intensiver zur Geltung.

Allerdings braucht diese Technik Geduld. Während ein Steak in wenigen Minuten scharf angebraten ist, kann ein Braten bei niedriger Temperatur mehrere Stunden im Ofen brauchen. Dafür ist das Ergebnis nahezu narrensicher – das Fleisch bleibt saftig, selbst wenn es etwas länger im Ofen bleibt als geplant.

Scharfes Anbraten – Röstaromen für intensiven Geschmack

Scharfes Anbraten nutzt hohe Temperaturen, um eine kräftige Kruste zu erzeugen. Durch die Maillard-Reaktion, die bei Temperaturen über 140 °C einsetzt, entstehen tiefe Röstaromen, die Fleisch, Gemüse oder Fisch geschmacklich aufwerten.

Diese Methode ist ideal für Lebensmittel, die von einer knusprigen Oberfläche profitieren, etwa Steaks, Koteletts oder Hähnchenbrust. Ein gut gebratenes Steak hat außen eine karamellisierte Kruste, die für Geschmack sorgt, während das Innere saftig bleibt.

Besonders wichtig ist die Wahl der richtigen Pfanne. Eine gusseiserne oder Edelstahlpfanne speichert die Hitze besser als eine beschichtete Pfanne und sorgt für gleichmäßige Bräunung. Auch das Timing ist entscheidend: Viele Hobbyköche wenden Fleisch zu früh, bevor sich die Kruste bilden kann. Ein gutes Steak sollte in Ruhe braten, ohne ständig bewegt zu werden.

Gemüse profitiert ebenfalls von scharfem Anbraten. Paprika, Zucchini oder Pilze bekommen durch hohe Hitze intensivere Aromen, weil ihre natürliche Süße durch Karamellisierung verstärkt wird. Wer Gemüse in einer überfüllten Pfanne bei zu niedriger Temperatur gart, bekommt hingegen eher eine gedämpfte Konsistenz als eine röstige Note.

Sous-vide-Garen – Präzision auf den Punkt

Beim Sous-vide-Garen werden Lebensmittel in einem Vakuumbeutel bei exakt kontrollierter Temperatur in einem Wasserbad gegart. Anders als beim Niedrigtemperaturgaren im Ofen schwankt die Temperatur hier nicht, sondern bleibt konstant auf den gewünschten Gargrad eingestellt – oft zwischen 50 und 65 °C für Fleisch oder Fisch.

Diese Methode ist ideal für absolute Präzision. Ein Steak, das bei 54 °C im Wasserbad gegart wird, wird niemals heißer als diese Temperatur und bleibt daher genau medium-rare – egal, wie lange es im Wasser liegt. Erst am Ende wird es kurz scharf angebraten, um eine knusprige Kruste zu bekommen.

Besonders empfindliche Lebensmittel wie Fisch, Geflügel oder Eier profitieren vom Sous-vide-Garen, weil sie genau auf den Punkt gegart werden können, ohne dass sie trocken oder zäh werden. Auch Gemüse behält durch diese Methode seine Farbe, Nährstoffe und Textur besser als bei herkömmlichem Kochen.

Der größte Nachteil ist der zusätzliche Aufwand. Sous-vide erfordert spezielle Geräte wie ein Thermalisierer oder ein Sous-vide-Stick sowie Vakuumbeutel. Auch dauert der Garprozess oft länger als herkömmliche Methoden. Doch für absolute Perfektionisten ist es eine unschlagbare Technik, die Ergebnisse liefert, die mit anderen Garmethoden schwer zu erreichen sind.

Welche Methode ist die richtige?

Jede dieser Techniken hat ihren eigenen Einsatzzweck. Wer Fleisch besonders saftig halten will, setzt auf Niedrigtemperaturgaren oder Sous-vide. Wer Röstaromen sucht, wählt scharfes Anbraten. Oft lassen sich die Methoden auch kombinieren – ein Steak kann erst Sous-vide gegart und anschließend scharf angebraten werden, um das Beste aus beiden Welten zu vereinen.

Die richtige Wahl hängt von der gewünschten Textur, dem Geschmack und dem Zeitaufwand ab. Wer diese Techniken versteht und gezielt einsetzt, kann sein Kochniveau deutlich steigern – unabhängig von der Art des Gerichts.

Die Zeichen der perfekten Garstufe – ohne Thermometer erkennen

Ein Fleischthermometer ist ein großartiges Werkzeug, um Steaks, Braten oder Geflügel exakt auf den Punkt zu garen. Doch nicht jeder hat eins zur Hand – und manchmal gibt es auch Gerichte, bei denen ein Thermometer nicht praktikabel ist. Glücklicherweise gibt es bewährte Methoden, mit denen sich die perfekte Garstufe auch ohne technische Hilfsmittel zuverlässig bestimmen lässt. Wer die richtige Konsistenz mit den Fingern, einem Messer oder durch optische Merkmale erkennt, kann Fleisch, Fisch, Gemüse oder Eier genau auf den gewünschten Garpunkt bringen.

Steaks und Kurzgebratenes – Der Fingertest

Bei Steaks ist der **Fingertest** eine der zuverlässigsten Methoden, um die Garstufe zu bestimmen. Dabei wird die Festigkeit des Fleisches mit dem eigenen Handballen verglichen:

- **Rare (blutig, ca. 48–52 °C)** → Das Steak fühlt sich weich und nachgiebig an, fast wie die gepolsterte Fläche unterhalb des Daumens, wenn die Hand locker geöffnet ist.
- **Medium-rare (rosa, ca. 54–56 °C)** → Wenn du Daumen und Zeigefinger leicht zusammenlegst, wird die Fläche unterhalb des Daumens etwas fester. So fühlt sich ein Steak in dieser Garstufe an.

- **Medium (leicht rosa, ca. 57–60 °C)** → Lege Daumen und Mittelfinger zusammen. Die Fläche unterhalb des Daumens wird etwas straffer – genauso fühlt sich ein medium gegartes Steak an.
- **Medium-well (fast durch, ca. 61–65 °C)** → Berühre Daumen und Ringfinger – die Spannung unterhalb des Daumens ist jetzt noch fester. Ein Steak mit dieser Konsistenz ist fast durchgebraten.
- **Well-done (durchgegart, über 70 °C)** → Bei Daumen und kleinem Finger fühlt sich die Haut unter dem Daumen sehr fest an – ein Steak mit dieser Festigkeit ist komplett durchgegart.

Diese Methode erfordert etwas Übung, doch mit der Zeit entwickelt man ein gutes Gespür für die richtige Konsistenz.

Geflügel – Farbe und Struktur entscheiden

Hähnchen und Pute müssen durchgegart sein, damit sie sicher verzehrt werden können. Eine einfache Methode, um dies ohne Thermometer zu überprüfen, ist der **Messertest**:

- Stich mit einer Messerspitze in die dickste Stelle des Fleischs, idealerweise an der Brust oder am Schenkel.
- Tritt der Fleischsaft klar aus, ist das Geflügel fertig. Ist der Saft noch rosa oder rötlich, braucht es noch etwas Zeit.
- Auch die Festigkeit gibt Hinweise: Geflügel, das noch roh ist, fühlt sich weich und elastisch an. Vollständig gegartes Geflügel ist fester, aber nicht trocken.

Fisch – Der Gabeltest für perfekte Zartheit

Fisch ist besonders empfindlich, wenn es um den Garpunkt geht. Ein zu lang gegarter Fisch wird trocken und bröselig, während ein perfekt gegarter Fisch saftig und leicht glasig bleibt.

- Eine einfache Methode ist der **Gabeltest**: Setze eine Gabel oder ein Messer an und versuche, den Fisch leicht auseinanderzuziehen. Wenn er sich mühelos in Lamellen teilt, ist er perfekt gegart.
- Ein weiterer Indikator ist die Farbe: Lachs sollte in der Mitte noch leicht glasig sein, weißer Fisch sollte eine undurchsichtige, aber nicht zu feste Konsistenz haben.
- Ein leichtes Glänzen der Oberfläche weist darauf hin, dass der Fisch saftig ist. Wenn er stumpf und trocken aussieht, war die Garzeit zu lang.

Eier – Der Wasserspinntest für den perfekten Härtegrad

Bei Eiern gibt es verschiedene Garstufen, die je nach Vorliebe getroffen werden müssen. Ohne Timer ist der **Wasserspinntest** eine clevere Methode:

- Halte das Ei nach dem Kochen mit einem Löffel kurz unter kaltes Wasser und drehe es auf einer glatten Fläche.
- Ein weiches Ei (4–5 Minuten) dreht sich kaum, da das flüssige Innere es instabil macht.
- Ein wachsweiches Ei (6–7 Minuten) dreht sich langsam und stoppt schneller.

- Ein hartgekochtes Ei (9–12 Minuten) dreht sich schnell und lange, da das Innere fest ist.

Diese Methode funktioniert besonders gut, wenn man keine Uhr zur Hand hat und trotzdem die perfekte Konsistenz treffen möchte.

Gemüse – Der Drucktest für den perfekten Biss

Gemüse sollte nicht verkocht werden, sondern seinen natürlichen Biss behalten. Der beste Indikator dafür ist der **Drucktest mit einer Gabel oder einem Messer**:

- **Kartoffeln und Wurzelgemüse:** Ein Messer sollte leicht in die Kartoffel oder Karotte eindringen, aber nicht völlig widerstandslos durchrutschen. Wenn das Gemüse sich fast von selbst vom Messer löst, ist es zu weich.
- **Grünes Gemüse wie Brokkoli oder Spargel:** Sollte sich elastisch anfühlen und noch leicht nachfedern. Wenn es zu weich ist, wurde es zu lange gegart.
- **Maiskolben:** Drücke mit einem Messer oder einer Gabel auf die Körner – wenn sie leicht nachgeben, aber nicht matschig sind, haben sie den perfekten Garpunkt erreicht.

Diese einfachen Tests helfen dabei, Gemüse genau auf den Punkt zu garen, ohne sich auf Zeitangaben verlassen zu müssen.

Pasta – Der Biss verrät alles

Pasta sollte nicht verkocht werden, sondern *al dente* sein – also bissfest. Ohne Uhr kann man das testen, indem man eine Nudel aus dem Wasser nimmt und durchbeißt:

- Eine perfekt gegarte Pasta hat im Inneren einen kleinen weißen Kern – das zeigt, dass sie noch Struktur hat.
- Wenn die Nudel durchgehend weich ist, wurde sie zu lange gekocht.
- Eine etwas ungewöhnliche, aber effektive Methode: Eine Nudel an eine glatte Kachel oder Fliese werfen. Bleibt sie kleben, ist sie oft schon über den idealen Punkt hinaus.

Fazit: Perfekte Garstufen mit allen Sinnen erkennen

Ein Thermometer kann präzise Ergebnisse liefern, doch in vielen Fällen reicht es, die Konsistenz, Farbe, Saftigkeit oder den Widerstand eines Lebensmittels zu testen. Wer lernt, sich auf seine Sinne zu verlassen, kann Fleisch, Fisch, Gemüse oder Pasta perfekt auf den Punkt garen – ganz ohne Technik. Die beste Methode ist immer, aufmerksam zu beobachten, regelmäßig zu testen und mit der Zeit ein Gespür für die richtige Garstufe zu entwickeln.

4. Effizienz in der Küche – So kochen Profis stressfrei und organisiert

Mise en Place: Warum Vorbereitung das Geheimnis entspannter Köche ist

In einer gut geführten Profiküche herrscht kein Chaos. Es gibt keine Hektik, kein panisches Suchen nach Zutaten oder Utensilien. Jeder Handgriff sitzt, alles ist genau dort, wo es gebraucht wird. Dieses Prinzip ist kein Zufall, sondern das Ergebnis eines klaren Systems: *Mise en Place*.

Der französische Ausdruck bedeutet wörtlich „alles an seinem Platz“ und beschreibt eine der wichtigsten Gewohnheiten in der Küche. Wer sich einmal bewusst darauf konzentriert, seine Zutaten und Werkzeuge richtig vorzubereiten, wird feststellen, dass Kochen nicht nur schneller, sondern auch stressfreier und angenehmer wird.

Warum gute Vorbereitung den größten Unterschied macht

Viele Hobbyköche beginnen zu kochen, während sie noch Zutaten abmessen, Gemüse schneiden oder nach Gewürzen suchen. Das führt dazu, dass plötzlich alles gleichzeitig passiert: Das Öl ist schon heiß, aber die Zwiebeln sind noch nicht geschnitten. Die Pasta kocht, aber die Sauce ist noch nicht fertig. Stress entsteht, weil man versucht, mehrere Dinge gleichzeitig zu erledigen – und dabei oft die Kontrolle verliert.

Wer sich stattdessen vor dem Kochen **bewusst Zeit für die Vorbereitung nimmt**, sorgt dafür, dass der gesamte Kochprozess flüssiger und effizienter abläuft. Zutaten sind bereits portioniert, Messer und Schneidebretter liegen bereit, und Gewürze müssen nicht erst umständlich gesucht werden. So bleibt mehr Fokus für das eigentliche Kochen, und das Endergebnis wird präziser.

Wie du Mise en Place in deiner Küche umsetzt

Gute Vorbereitung beginnt mit einem einfachen System, das sich in wenigen Schritten umsetzen lässt:

1. **Das Rezept durchlesen und gedanklich durchgehen**
   Bevor du loslegst, solltest du genau wissen, welche Zutaten benötigt werden und welche Schritte wichtig sind. Viele Fehler entstehen, weil man ein Rezept nur überfliegt und dann überrascht wird, wenn eine Zutat unerwartet vorbereitet oder eine bestimmte Technik angewendet werden muss.

2. **Alle Zutaten bereitstellen und abmessen**
   Statt während des Kochens nach Mehl oder Gewürzen zu suchen, solltest du alle Zutaten in der richtigen Menge griffbereit haben. Ob Mehl für einen Teig, Brühe für eine Suppe oder Kräuter für eine Sauce – wenn alles schon abgemessen und vorbereitet ist, geht der Kochprozess viel schneller und gleichmäßiger vonstatten.

3. **Gemüse, Fleisch und andere Zutaten vorkochen, schneiden oder schälen**
   Jede Zutat sollte in der richtigen Form vorliegen, bevor der Herd eingeschaltet wird. Gemüse sollte bereits geschält, gewaschen und geschnitten sein, Fleisch bereits portioniert und eventuell mariniert. Selbst kleine Details wie das Vorhacken von Knoblauch oder das Reiben von Käse sparen später Zeit.

4. **Kochgeschirr und Werkzeuge bereitlegen**
   Auch das richtige Werkzeug sollte direkt griffbereit sein. Eine heiße Pfanne wird nutzlos, wenn man noch nach dem richtigen Pfannenwender suchen muss. Ein Topf mit kochendem Wasser wartet nicht darauf, dass du erst noch eine Schaumkelle suchst. Alles sollte an seinem Platz sein, bevor der Kochprozess beginnt.

5. **Arbeitsfläche sauber und strukturiert halten**
   Ein aufgeräumter Arbeitsplatz bedeutet weniger Stress. Statt während des Kochens mit Schalen, Verpackungen oder abgeschnittenen Resten kämpfen zu müssen, solltest du nach jedem Vorbereitungsschritt kurz aufräumen. So bleibt die Küche übersichtlich, und du kannst dich voll und ganz aufs Kochen konzentrieren.

Mise en Place für effizientes und präzises Kochen

Die besten Köche wissen: Eine gute Vorbereitung sorgt nicht nur für weniger Hektik, sondern auch für bessere Ergebnisse. Durch Mise en Place kannst du dich voll auf den

Garprozess und die Aromen konzentrieren, anstatt Zeit mit unnötigen Ablenkungen zu verschwenden.

Ein gut vorbereitetes Gericht fühlt sich weniger wie Arbeit an und mehr wie ein fließender, entspannter Prozess. Und genau das ist das Geheimnis professioneller Köche – sie wissen, dass der Erfolg eines Gerichts nicht erst am Herd entschieden wird, sondern bereits in der Vorbereitung beginnt.

Die besten Tricks, um Zeit zu sparen, ohne Abstriche beim Geschmack zu machen

Gutes Essen braucht Aufmerksamkeit, aber nicht immer viel Zeit. Wer klug plant und einige einfache Techniken anwendet, kann Gerichte schneller zubereiten, ohne Kompromisse beim Geschmack einzugehen. Die besten Köche wissen: Effizienz beginnt nicht erst am Herd, sondern schon bei der Vorbereitung.

Ein strukturierter Start ist die halbe Miete. Bevor der Herd eingeschaltet wird, sollten alle Zutaten vorbereitet sein. Gemüse bereits gewaschen, geschält und geschnitten, Gewürze abgemessen und alle Kochutensilien griffbereit – dieses Prinzip nennt sich *Mise en Place* und spart während des Kochens wertvolle Minuten. Wer hektisch nach dem Pfeffer sucht, während das Öl in der Pfanne schon zu rauchen beginnt, verliert nicht nur Zeit, sondern riskiert auch, dass Zutaten anbrennen oder zerkochen.

Parallel arbeiten ist einer der effektivsten Tricks, um schneller zu kochen. Während Wasser für Pasta aufkocht, kann das Gemüse geschnitten oder die Sauce vorbereitet werden. Auch der Backofen sollte nicht erst dann vorgeheizt werden, wenn alles andere schon fertig ist. Statt nacheinander zu arbeiten, sollte man mehrere Prozesse gleichzeitig laufen lassen.

Auch die richtige Schnitttechnik spart Zeit. Viele Hobbyköche schneiden Gemüse zu vorsichtig oder in aufwendigen Mustern, die optisch zwar schön aussehen, aber keine funktionalen Vorteile bieten. Wer lernt, effizient zu schneiden – etwa durch den Wiegeschnitt bei Kräutern oder den Tunnelgriff bei Zwiebeln – kommt nicht nur schneller voran, sondern erhält gleichmäßige Stücke, die gleichzeitig gar werden.

Die Wahl des richtigen Küchengeräts macht ebenfalls einen Unterschied. Ein guter Sparschäler beschleunigt das Schälen von Kartoffeln und Karotten erheblich, eine Reibe ist oft schneller als ein Messer, um Knoblauch oder Ingwer zu verarbeiten. Auch moderne Helfer wie Multikocher oder Hochleistungsmixer können bei bestimmten Rezepten wertvolle Minuten einsparen, ohne dass die Qualität leidet.

Zeitsparende Garmethoden helfen ebenfalls, den Kochprozess zu beschleunigen. Dünsten oder Dämpfen geht schneller als Kochen, weil die Zutaten nicht komplett in Wasser liegen müssen. Fleisch kann in dünnere Stücke geschnitten werden, damit es gleichmäßiger und schneller durchgart. Wer Fleisch oder Gemüse in der Pfanne anbrät, sollte die Pfanne nicht überladen, damit die Hitze erhalten bleibt und Röstaromen entstehen.

Ein weiterer Trick besteht darin, Grundzutaten in größeren Mengen vorzubereiten. Brühen, Saucen oder Dressings lassen sich problemlos auf Vorrat herstellen und portionsweise einfrieren. Wer einmal eine kräftige Gemüsebrühe gekocht hat, kann sie in kleinen Portionen einfrieren und bei Bedarf schnell für Suppen oder Saucen verwenden. Auch gegarter Reis oder gekochte Hülsenfrüchte halten sich gut im Kühlschrank und sparen beim nächsten Kochen viel Zeit.

Effizienz endet nicht mit dem Servieren. Wer während des Kochens direkt aufräumt und benutzte Utensilien sofort abspült oder in die Spülmaschine stellt, muss nach dem Essen nicht mehr viel Zeit mit dem Aufräumen verbringen. Ein aufgeräumter Arbeitsplatz sorgt außerdem dafür, dass alle Handgriffe schneller und präziser ausgeführt werden können.

Schneller zu kochen bedeutet nicht, Abstriche beim Geschmack zu machen. Im Gegenteil: Wer geschickt arbeitet, kann sich mehr auf das Wesentliche konzentrieren – die Aromen, die Konsistenz und den Genuss. Mit der richtigen Vorbereitung, effizienten Schneidetechniken und cleveren Garmethoden lassen sich auch aufwendige Gerichte in kürzerer Zeit zaubern.

Wie du deine Küche ergonomisch einrichtest, um effizienter zu arbeiten

Eine gut eingerichtete Küche macht das Kochen nicht nur angenehmer, sondern auch schneller und weniger anstrengend. Oft merkt man gar nicht, wie viel Zeit und Energie durch unnötige Handgriffe und eine schlechte Organisation verloren gehen. Doch schon kleine Veränderungen können einen großen Unterschied machen. Wer seine Küche ergonomisch anpasst, arbeitet entspannter, hat alles griffbereit und kann sich ganz auf das Kochen konzentrieren.

Die richtige Arbeitshöhe spielt dabei eine entscheidende Rolle. Ist die Arbeitsplatte zu niedrig, führt das zu einer unnatürlichen Haltung, die den Rücken belastet. Ist sie zu hoch, müssen die Schultern ständig angehoben werden, was Verspannungen verursacht. Die ideale Höhe liegt etwa zehn bis fünfzehn Zentimeter unter der Ellenbogenhöhe, sodass man bequem schneiden, rühren und kneten kann. Falls die Arbeitsfläche nicht angepasst werden kann, helfen ein höheres Schneidebrett oder eine Anti-Ermüdungsmatte, die Druck von den Füßen nimmt.

Auch die Anordnung der wichtigsten Utensilien macht einen großen Unterschied. In gut organisierten Küchen muss niemand erst eine Schublade durchwühlen, um das richtige Messer zu finden. Alles, was regelmäßig gebraucht wird, sollte in Reichweite sein. Messer, Pfannenwender und

Schneebesen gehören an eine leicht zugängliche Stelle – sei es in einem Messerblock, an einer magnetischen Leiste oder an Haken über der Arbeitsfläche. Schüsseln und Messbecher sollten sich dort befinden, wo die meisten Zutaten vorbereitet werden, während Pfannen und Töpfe nah am Herd ihren Platz finden. Wer diese Grundstruktur einmal etabliert hat, spart bei jedem Kochvorgang wertvolle Sekunden, die sich mit der Zeit summieren.

Neben der richtigen Platzierung der Werkzeuge ist auch die Lagerung von Lebensmitteln entscheidend. Häufig genutzte Zutaten sollten nicht in der hintersten Ecke eines Schranks stehen. Wer regelmäßig Gewürze verwendet, sollte sie griffbereit in einem Regal oder einer Schublade nahe der Kochstelle aufbewahren. Trockenprodukte wie Reis, Nudeln oder Mehl lassen sich in durchsichtigen Vorratsbehältern aufbewahren, sodass man mit einem Blick sieht, was noch vorhanden ist. Eine übersichtliche Organisation sorgt dafür, dass weniger Zeit mit Suchen verschwendet wird und der gesamte Kochprozess reibungsloser verläuft.

Auch die Bewegung in der Küche sollte möglichst effizient sein. Viele Menschen laufen beim Kochen unbewusst immer wieder zwischen Kühlschrank, Spüle und Herd hin und her, weil die Wege nicht optimal strukturiert sind. Eine sinnvolle Anordnung der Arbeitsbereiche sorgt dafür, dass alle Zutaten in einer logischen Reihenfolge verarbeitet werden können. Wer Gemüse schneidet, sollte nicht erst quer durch die Küche laufen müssen, um es in die Pfanne zu geben. Auch der Müll sollte so positioniert sein, dass Abfälle direkt entsorgt werden können, ohne die Arbeitsfläche zu verlassen.

Längeres Kochen kann körperlich anstrengend sein, besonders wenn man viel steht. Um Ermüdung zu reduzieren, hilft es, die Haltung regelmäßig zu wechseln. Eine gepolsterte Matte vor der Arbeitsfläche kann dabei helfen, die Gelenke zu entlasten. Wer viel Zeit mit Schälen oder Schneiden verbringt, kann sich einen höhenverstellbaren Hocker in die Küche stellen, um sich zwischendurch zu setzen.

Ein oft unterschätzter Faktor ist die Beleuchtung. Gutes Licht ist nicht nur für die Atmosphäre wichtig, sondern auch für die Sicherheit und Präzision beim Arbeiten. Eine blendfreie, helle Beleuchtung über der Arbeitsfläche sorgt dafür, dass Zutaten besser erkannt und Schneidarbeiten präziser ausgeführt werden können. Auch eine gute Belüftung trägt dazu bei, dass die Luftqualität in der Küche angenehm bleibt und sich Gerüche nicht zu lange halten.

Eine ergonomisch eingerichtete Küche sorgt für mehr Effizienz, weniger Stress und eine angenehmere Arbeitsumgebung. Wer die richtige Höhe, sinnvolle Abläufe und eine durchdachte Anordnung der Utensilien kombiniert, kann sich voll und ganz auf das Kochen konzentrieren – ohne unnötige Ablenkungen oder körperliche Belastung.

5. Kreativität & Improvisation – Wie du lernst, ohne Rezept zu kochen

Zutaten verstehen: Welche Lebensmittel sich gegenseitig verstärken

Gutes Kochen ist mehr als nur das Befolgen eines Rezepts. Wer versteht, wie sich verschiedene Zutaten geschmacklich ergänzen, kann jedes Gericht gezielt aufwerten. Manche Aromen harmonieren auf natürliche Weise miteinander, während andere sich gegenseitig verstärken und so eine ganz neue Geschmacksdimension schaffen. Die richtige Kombination kann aus einer einfachen Mahlzeit ein geschmackliches Highlight machen.

Ein klassisches Beispiel für eine harmonische Kombination ist die Verbindung von **Salz und Süße**. Salz verstärkt natürliche Süße und sorgt dafür, dass Aromen intensiver wahrgenommen werden. Das zeigt sich besonders bei Karamell, Schokolade oder Früchten, die durch eine Prise Salz noch geschmackvoller wirken. In der asiatischen Küche wird diese Balance oft bewusst eingesetzt – etwa in süß-sauren Gerichten, die durch die Mischung aus Salz, Zucker und Säure besonders lebendig schmecken.

Säure und Fett sind ein weiteres Paar, das sich gegenseitig verstärkt. Fett sorgt für eine cremige Textur und mildert intensive Aromen ab, während Säure Frische bringt und das

Gericht leichter wirken lässt. Eine schwere Sahnesauce bekommt durch einen Spritzer Zitronensaft oder einen Schuss Essig eine ganz neue Balance. Auch in der mediterranen Küche wird dieser Effekt genutzt: Olivenöl als fettige Komponente wird oft mit Zitronensaft oder Tomaten kombiniert, um eine angenehme Leichtigkeit zu schaffen.

Umami und Süße gehen ebenfalls eine besondere Verbindung ein. Umami, der herzhafte, fleischige Geschmack, steckt in Zutaten wie Pilzen, Tomaten, Parmesan oder fermentierten Produkten wie Sojasauce und Miso. Eine leichte Süße kann diesen Geschmack noch intensiver wirken lassen. Ein Beispiel ist eine Tomatensauce, die mit einer Prise Zucker oder etwas geröstetem Gemüse noch mehr Tiefe bekommt. Auch Sojasauce und Honig sind eine bewährte Kombination, die in vielen asiatischen Marinaden genutzt wird.

Ein interessanter Effekt entsteht, wenn **bittere Aromen mit Süße oder Salz ausgeglichen werden**. Kaffee, dunkle Schokolade oder Radicchio haben von Natur aus eine herbe Note, die durch ein wenig Süße oder eine Prise Salz abgemildert werden kann. Auch Grapefruit schmeckt runder, wenn sie mit etwas Honig oder einer Prise Salz kombiniert wird.

Neben den grundlegenden Geschmackskombinationen gibt es viele Zutaten, die sich auf natürliche Weise ergänzen. **Kräuter und Gewürze spielen hier eine entscheidende**

Rolle. Basilikum verstärkt das Aroma von Tomaten, Rosmarin bringt die herbe Note von Lammfleisch besonders gut zur Geltung, und Zimt gibt süßen Speisen Tiefe, während er in herzhaften Gerichten wie orientalischen Eintöpfen für eine warme, komplexe Würze sorgt.

Manche Kombinationen sind über Jahrhunderte hinweg perfektioniert worden und gehören zum festen Bestandteil bestimmter Länderküchen. **Tomate und Mozzarella** sind ein Paradebeispiel für die perfekte Verbindung von Säure, Fett und Umami. **Erdbeeren und Balsamico** sind ein weiteres Paar, das zeigt, wie Süße und Säure sich gegenseitig ergänzen.

Wer sich mit diesen Prinzipien vertraut macht, muss nicht mehr starr an Rezepten festhalten, sondern kann eigene Kombinationen entwickeln. Ein bewusster Umgang mit Aromen sorgt dafür, dass Gerichte nicht nur gut schmecken, sondern auch ausbalanciert und harmonisch wirken. Sobald man einmal verstanden hat, welche Zutaten sich gegenseitig verstärken, wird Kochen intuitiver – und die Ergebnisse werden beeindruckender.

Food Pairing: Unerwartete Kombinationen, die perfekt harmonieren

Geschmack ist oft eine Frage der Gewohnheit. Viele Kombinationen sind so tief in unserer Esskultur verankert, dass sie uns selbstverständlich erscheinen – Tomaten mit Basilikum, Käse mit Wein oder Schokolade mit Vanille. Doch manchmal entstehen die spannendsten Aromen, wenn man Zutaten kombiniert, die auf den ersten Blick nicht zusammenpassen. Genau hier setzt *Food Pairing* an: die Kunst, unerwartete Geschmacksverbindungen zu entdecken, die harmonieren, weil sie auf chemischer Ebene gemeinsame Aromen teilen.

Ein Beispiel für eine überraschend gut funktionierende Kombination ist **Schokolade und Blauschimmelkäse**. Der intensive, leicht salzige Geschmack des Käses bildet einen starken Kontrast zur süßen, cremigen Schokolade. Die Fettigkeit beider Zutaten sorgt für ein volles Mundgefühl, während die leicht erdigen Noten des Käses die Tiefe der Schokolade verstärken.

Ebenso ungewöhnlich, aber erstaunlich lecker ist die Kombination aus **Erdbeeren und Balsamico-Essig**. Während Erdbeeren von Natur aus süß und fruchtig sind, bringt der Balsamico mit seiner Säure und den leicht karamelligen Noten eine ganz neue Dimension ins Spiel. Das Ergebnis ist ein intensiver, vollmundiger Geschmack, der viel raffinierter wirkt als Erdbeeren allein.

Ein weiteres Beispiel für unerwartete Harmonie ist **Avocado mit dunkler Schokolade**. Die cremige, fast buttrige Textur der Avocado ergänzt sich perfekt mit der Bitterkeit der Schokolade. Besonders in Mousse oder Smoothies verstärken sich die beiden Zutaten gegenseitig, sodass die Schokolade noch runder und voller schmeckt, während die Avocado fast unmerklich für eine seidige Konsistenz sorgt.

Auch herzhafte Gerichte profitieren von ungewöhnlichen Kombinationen. **Lachs und Vanille** klingen zunächst wie ein Widerspruch, doch die feine Süße der Vanille unterstreicht die buttrigen Noten des Fisches, ohne den Geschmack zu dominieren. In der gehobenen Küche wird Vanille daher häufig als dezente Zutat in Fischsaucen oder -marinaden verwendet.

Ein Klassiker des modernen Food Pairings ist **Melone mit Schinken**. Hier treffen Süße und Salzigkeit direkt aufeinander, was die Aromen beider Komponenten noch intensiver zur Geltung bringt. Das Salz im Schinken hebt die Fruchtsüße der Melone hervor und sorgt gleichzeitig für einen angenehmen Umami-Effekt.

Auch Gewürze lassen sich oft auf unerwartete Weise einsetzen. **Zimt in herzhaften Gerichten** mag für viele ungewohnt sein, doch in orientalischen oder mexikanischen Speisen sorgt er für eine warme, würzige Tiefe. Besonders in Kombination mit Fleisch oder Tomaten verleiht Zimt dem

Gericht eine faszinierende, leicht süßliche Note, ohne dabei aufdringlich zu wirken.

Manchmal entstehen spannende Kombinationen, wenn man bewusst mit Kontrasten spielt. **Erdnussbutter und Gurken** beispielsweise verbinden Fettigkeit mit Frische, während **Kaffee und Parmesan** durch ihre gemeinsamen Röst- und Fermentationsaromen erstaunlich gut harmonieren.

Food Pairing ist eine Einladung, über den Tellerrand hinauszuschauen und neue Geschmackserlebnisse zu entdecken. Wer sich darauf einlässt, wird feststellen, dass scheinbar unpassende Zutaten oft perfekt miteinander funktionieren – weil sie ein gemeinsames Aromengerüst haben oder sich geschmacklich ergänzen. Das Experimentieren mit unerwarteten Kombinationen kann nicht nur Gerichte bereichern, sondern auch die eigene Wahrnehmung von Geschmack auf eine völlig neue Ebene heben.

Wie du eigene Rezepte entwickelst, die wirklich funktionieren

Ein Rezept ist mehr als eine Liste von Zutaten und Kochanweisungen. Es ist eine Blaupause für Geschmack, Textur und Balance. Während viele Hobbyköche sich strikt an bestehende Rezepte halten, liegt die wahre Kunst des Kochens darin, eigene Gerichte zu kreieren, die nicht nur funktionieren, sondern auch begeistern. Das Geheimnis erfolgreicher Rezeptentwicklung liegt in einem klaren Verständnis von Zutaten, Techniken und dem Zusammenspiel von Aromen.

Der erste Schritt zur Rezeptentwicklung beginnt mit einer Idee. Oft reicht eine einzelne Zutat oder ein bestimmtes Aroma als Ausgangspunkt. Vielleicht möchtest du ein Gericht kreieren, das eine besondere Erinnerung weckt, oder du möchtest klassische Aromen neu interpretieren. Inspiration kann überall entstehen – durch einen Restaurantbesuch, eine Reise oder einfach durch einen Blick in den Kühlschrank. Die wichtigste Frage ist: **Welche Geschmacksrichtung soll das Gericht haben?** Soll es frisch und leicht, herzhaft und kräftig oder cremig und wärmend sein?

Sobald die Grundidee steht, geht es an die **Auswahl der Zutaten**. Hier hilft es, sich an bewährten Geschmackskombinationen zu orientieren. Säure hebt Süße hervor, Salz verstärkt Umami, und Fett sorgt für ein angenehmes Mundgefühl. Wer bereits versteht, wie sich verschiedene Zutaten gegenseitig beeinflussen, kann intuitiv neue Kombinationen ausprobieren. Ein Gericht mit viel Fett, wie eine cremige Sauce, profitiert oft von etwas Säure, um die Schwere auszubalancieren. Ein herzhafter Eintopf wird durch eine süße Note wie geröstetes Gemüse oder einen Spritzer Honig interessanter.

Die nächste Überlegung betrifft die **Textur**. Ein gelungenes Gericht spielt nicht nur mit Geschmack, sondern auch mit Konsistenzen. Knuspriges ergänzt Cremiges, Weiches trifft auf Bissfestes. Ein Beispiel dafür ist eine perfekt komponierte Salatbowl: Knackiger Salat, cremiges Dressing, geröstete Nüsse und saftiges Fleisch oder Tofu sorgen für ein rundes Esserlebnis. Wenn ein Gericht nur aus ähnlichen Texturen besteht, kann es langweilig wirken.

Dann kommt der eigentliche Kochprozess. Hier gilt die Regel: **Ein gutes Rezept entsteht durch Anpassung und Verfeinerung.** Die ersten Versuche dienen dazu, Mengenverhältnisse und Kochzeiten zu testen. Wer ein eigenes Rezept entwickelt, sollte sich angewöhnen, Notizen zu machen. Wie viel Salz war nötig? Wie lange musste eine Sauce einkochen, um die gewünschte Konsistenz zu erreichen? Welche Gewürze haben das Gericht am besten ergänzt? Ein kleines Küchentagebuch kann dabei helfen, Rezepte nicht nur zu verbessern, sondern auch zu perfektionieren.

Beim Abschmecken geht es darum, das Gericht in die richtige Balance zu bringen. Ein einfacher Trick ist die „Drei-Löffel-Methode“: Der erste Löffel dient dazu, das Gericht pur zu probieren. Der zweite Löffel testet es mit einer kleinen Prise zusätzlichem Salz oder Säure. Der dritte Löffel nimmt eine leicht süße oder fettige Ergänzung hinzu. Dieser direkte Vergleich hilft, herauszufinden, welche Komponente das Gericht am meisten aufwertet.

Die letzte Stufe ist die Präsentation. Ein selbst entwickeltes Rezept verdient es, optisch ansprechend serviert zu werden. Farben, Anordnung und Garnituren spielen eine größere Rolle, als viele denken. Eine Suppe wirkt gleich viel lebendiger, wenn sie mit einem Klecks Creme fraiche oder frischen Kräutern verfeinert wird. Eine Pasta sieht appetitlicher aus, wenn sie nicht einfach auf den Teller geklatscht wird, sondern mit ein paar gezielten Handgriffen angerichtet wird.

Wer regelmäßig eigene Rezepte entwickelt, lernt nicht nur besser zu kochen, sondern gewinnt auch mehr Selbstvertrauen in der Küche. Die besten Rezepte entstehen oft nicht durch Zufall, sondern durch bewusstes Experimentieren und das Wissen, welche Geschmacksrichtungen und Texturen ein harmonisches Gericht ausmachen. Sobald man diese Grundlagen beherrscht, wird Kochen intuitiver – und jede Mahlzeit kann zu einer kreativen Entdeckungsreise werden.

Bonuskapitel 2
US Maße beim Backen

Wie viel Gramm sind in einer Tasse?

Die Anzahl der Gramm in einer Tasse hängt von der jeweiligen Zutat ab, da die Dichte der Zutaten unterschiedlich ist. Bei Mehl entspricht 1 Tasse etwa 125 g. Bei Zucker entspricht 1 Tasse etwa 200 g. Bei Butter entspricht 1 Tasse etwa 227 g.

Häufige Verwechslung von Tassen

Im Vereinigten Königreich werden Tassen seit den 1960er Jahren nur noch selten in Rezepten verwendet. Wenn es sich um ein altes Rezept aus dem Vereinigten Königreich handelt, wird die kaiserliche Tasse (284,131 ml) verwendet, die wesentlich größer ist als ihr modernes Gegenstück, die metrische Tasse (250 ml), die heute im Vereinigten Königreich sowie in Australien, Neuseeland, Kanada und dem restlichen Commonwealth verwendet wird.

In den USA sind es 236,59 ml in Rezepten, aber 240ml auf der Nährwertkennzeichnung. Verstehen Sie mich noch? Das Durcheinander beginnt, bevor man überhaupt ein Ei aufgeschlagen hat.

Bei all der Verwirrung um die Bechergrößen ist das Abwiegen in Gramm eine viel einfachere und genauere Art zu kochen. Außerdem können Sie so sicherstellen, dass Ihr Kuchen nicht irgendwo zwischen einer Betonplatte und einem Schokoladen Omelett landet. Denn je nachdem, aus welchem Land Ihre Tassen stammen, wie dicht Sie die Zutaten einfüllen und ob Sie den Boden aufschütten oder abflachen, kann das Backen zu einem kleinen Roulettespiel werden.

Als Backbrüder müssen wir zusammenhalten. Deshalb sind wir so nett und stellen dir ein paar Umrechnungen von Tassen in Gramm zur Verfügung, die du unten findest. Bei diesen Umrechnungen wird davon ausgegangen, dass die Zutaten mit einem Löffel in die Tasse gegeben werden, und sie beziehen sich auf die US-Tasse (236,588). Wir haben auch die Umrechnung von Tassen in Unzen angegeben (Wortspiel beabsichtigt).

1 Cup	Gramm	Ounces
Mehl 405	125 g	4.4 oz
Mehl 505	130 g	4.6 oz
Tortenmehl	114 g	4 oz
Kristallzucker	201 g	7.1 oz
Puderzucker	121 g	4.2 oz
Brauner Zucker	195 g	6.9 oz
Butter	227 g	8 oz
Sultaninen	160 g	6.6 oz

Wie man Tassen in Gramm umrechnet

Sehen wir uns an, wie man ein Tassenmaß in Gramm umrechnet, um einen Kuchen zu backen, der dem Bake Off würdig ist.

Um die Grammzahl eines Rezepts zu berechnen, das in Tassen angegeben ist, ist es wichtig zu wissen, um welche Zutat es sich handelt. Eine Tasse mit Kugellagern wiegt viel mehr als eine Tasse mit Federn (obwohl sich beides für leckere Pfannkuchenbeläge eignet, wie mir meine zahnlose Cousine erzählt). Deshalb gibt es auch kein einheitliches Grammäquivalent für eine Tasse; Salz kann bis zu 300 g schwer sein, während frische Semmelbrösel nur 60 g wiegen würden. Es kommt immer auf die Dichte der Zutaten an.

Um Tassen in Gramm umzurechnen, multiplizieren Sie Ihre Tassenzahl mit 236,588 und noch einmal mit der Dichte der Zutat (in g/ml). Wenn die Dichte nicht in g/ml angegeben ist, müssen Sie zuerst die Dichte umrechnen.

Gramm = Tassen × 236,588 × Dichte der Zutat (in g/ml oder g/cm^3)

Schauen wir uns ein Beispiel für die Umrechnung von Tassen in Gramm an (unter Verwendung einer US-Tasse).

Beispiel: Mabel backt einen Victoria-Biskuitkuchen und möchte 3 Tassen Allzweckmehl in Gramm umrechnen. Sie stellt fest, dass ihr Allzweckmehl eine Dichte von 0,529 g/cm^3 hat. Ihre Berechnung lautet daher wie folgt:

$3 \times 236{,}588 \times 0{,}529 = 375{,}5$ g.

Sie können die nachstehenden Referenztabellen verwenden, um die Zutaten Ihres Rezepts von 1/4, 1/2 oder 3/4 Tassen in Gramm umzurechnen oder umgekehrt. Beachten Sie, dass wir auch andere Hilfsmittel haben, die Ihnen bei der Umrechnung von Gramm in Esslöffel, Teelöffel und Milliliter helfen.

Mit der Waage in der Hand gehen wir nun die gängigsten Backzutaten der Reihe nach durch...

Wie viel ist 1 Tasse Zucker in Gramm?

Eine Tasse Kristallzucker wiegt etwa 200 Gramm oder 7,1 Unzen. Eine Tasse Puderzucker wiegt etwa 121 Gramm oder 4,2 Unzen.

Zucker		
Cups	**Gramm**	**Ounces**
1/4 cup	50 g	1.8 oz
1/3 cup	67 g	2.4 oz
1/2 cup	101 g	3.5 oz
2/3 cup	134 g	4.7 oz
3/4 cup	151 g	5.3 oz
1 cup	201 g	7.1 oz

Wie viel ist 1 Tasse Butter in Gramm?

Eine Tasse Butter wiegt etwa 227 Gramm oder 8 Unzen. Eine halbe Tasse Butter wiegt etwa 114 Gramm oder 4 Unzen.

Butter		
Cups	**Grams**	**Ounces**
1/4 cup	57 g	2 oz
1/3 cup	76 g	2.7 oz
1/2 cup	114 g	4 oz
2/3 cup	151 g	5.3 oz
3/4 cup	170 g	6 oz
1 cup	227 g	8 oz

Wie viel ist 1 Tasse Mehl in Gramm?

Eine Tasse Allzweckmehl wiegt etwa 125 Gramm oder 4,4 Unzen. Eine Tasse Brotmehl wiegt etwa 130 Gramm oder 4,6 Unzen.

Mehl Typ 405		
Cups	**Gramm**	**Ounces**
1/8 cup (2 TL)	16 g	0.6 oz
1/4 cup	31 g	1.1 oz
1/3 cup	42 g	1.5 oz
1/2 cup	63 g	2.2 oz
2/3 cup	83 g	2.9 oz
3/4 cup	94 g	3.3 oz
1 cup	125 g	4.4 oz

Mehl Typ 505		
Cups	**Gramm**	**Ounces**
1/4 cup	33 g	1.1 oz
1/3 cup	43 g	1.5 oz
1/2 cup	65 g	2.3 oz
2/3 cup	87 g	3.1 oz
3/4 cup	98 g	3.4 oz
1 cup	130 g	4.6 oz

Trockene Zutaten generell		
Cups	**Gramm**	**Ounces**
1/8 cup (2 TL)	16 g	0.6 oz
1/4 cup	32 g	1.1 oz
1/3 cup	42 g	1.5 oz
1/2 cup	64 g	2.2 oz
2/3 cup	85 g	3 oz
3/4 cup	95 g	3.4 oz
1 cup	127 g	4.5 oz

Andere Backzutaten

Zutat	1 Cup	1/2 Cup	1/3 Cup
Mehl für Kuchen	114 g	72 g	38 g
Honig	336 g	167 g	112 g
Margarine	230 g	115 g	76.6 g
Milch	244.87 g	122.44 g	81.62 g
Hafer	102.2 g	51.1 g	34.1 g
Reis	178.15 g	89.1 g	59.38 g
Brauner Zucker	195 g	97.5 g	65 g
Puderzucker	120.9 g	60.45 g	40.3 g
Mandeln	132 g	66 g	44 g

Bitte beachten Sie, dass es sich bei den Referenztabellen aufgeführten Zutatenoptionen um Näherungswerte handelt, die auf der Dichte der Zutaten aus Datenbanken und Rezeptkochbüchern basieren

Haftungsausschluss

Die Rezepte und Informationen in diesem Buch wurden mit größter Sorgfalt und nach bestem Wissen erstellt und geprüft. Dennoch übernimmt der Autor keine Haftung oder Garantie für die Vollständigkeit, Richtigkeit, Aktualität oder Qualität der bereitgestellten Informationen. Die Zubereitung der Gerichte erfolgt auf eigenes Risiko. Der Autor haftet nicht für etwaige Schäden, gesundheitliche Beschwerden oder Unverträglichkeiten, die durch die Zubereitung oder den Verzehr der in diesem Buch vorgestellten Rezepte entstehen könnten.

Urheberrechtshinweis

Hinweis zum Impressum

Dieses Buch wird über Amazon Kindle Direct Publishing (KDP) vertrieben. Gemäß den Nutzungsbedingungen von Amazon KDP agiert Amazon als Verkäufer und Ansprechpartner für alle Belange im Zusammenhang mit dem Kauf. Deshalb erfolgt keine Angabe einer Privatadresse des Autors im Impressum.